改变，从阅读开始

激进之踵

戊戌变法反思录

羽戈 著

山西出版传媒集团
山西人民出版社

尝试论之，史者，知人论世之学也。今人于论世之义知之甚审，而于知人之义即多忽之。此时代风气使然也。然亦未有不知人而真能论世者，更未有不知其心而真能知其人者。此于治思想史为尤然。

——余英时《〈方以智晚节考〉增订版自序》

历史是一座画廊,在那里原作很少,复制品很多。
——托克维尔《旧制度与大革命》

目 录

引言　激进之踵　/001

一、戊戌年的派系与思潮　/009

二、长于素王：康有为的革命性　/022

三、"保中国不保大清"　/031

四、康有为的转向：从革命到改革　/040

五、革命的改革　/046

六、"保大清不保中国"　/054

七、华德里飞砖　/062

八、革命派谭嗣同　/067

九、谭嗣同的转向：从革命到改革　/075

十、谭嗣同之死　/083

十一、梁启超的转向：在改革与革命之间　/089

十二、唐才常之死　/096

十三、戊戌六君子排名政治学　/102

十四、戊戌第七君子　/109

十五、袁世凯的囚徒困境　/115

十六、慈禧反对变法吗？　/121

十七、新旧之间的翁同龢　/127

十八、光绪的心法与政法　/135

十九、假如由张之洞领导戊戌变法　/141

二十、戊戌变法的遗产　/148

附录　/155

一、慈禧：知识与国运　/156

二、光绪：身体与政治　/171

三、翁同龢：君子误国　/178

四、过渡者张之洞　/189

跋　/195

主要参考文献　/201

引言

激进之踵

中国语境之下,近代乃是一个含混、暧昧、充满弹性的概念。中国近代史始于何时,终于何时,一直备受争议。譬如起点,有人定位于宋朝,有人定位于晚明,有人定位于乾隆末年,有人定位于第二次鸦片战争;至于终点,更是众说纷纭。这里姑且依照最正统的历史叙事:"中国近代史始自 1840 年中英鸦片战争爆发,止于 1949 年南京国民党政权覆亡,"掐指算来,连头带尾共计一百一十年。其分界点,一般判定为 1912 年中华民国成立,皇权覆亡,共和诞生。不过,倘按年限折中,当定格于 1894 年,按干支纪年,这一年是甲午年,六月二十三日(7 月 25 日)[1],甲午战争(或曰"中日战争""清日战争")爆发,大清王朝惨败,国运就此急转直下,一去不还。

以甲午战争为分界点,有两条历史脉络愈发明晰可循。一是"三变说",即贯通中国近代史的"器物之变""制度之

---

[1] 本书论晚清史,一般采王朝或干支纪年,并用括号标注公元纪年,论民国史,直接采公元纪年。

变""文化之变"。从器物之变到制度之变，转折点便是甲午战争，有一种观点认为，这场战争，日本的胜利是制度的胜利，中国的失败是制度的失败，自此国人渐渐意识到天朝与列强的真正差距，不是器物不如人，而是制度不如人。二是国家危机的嬗变。甲午之前，清朝虽屡受列强欺凌，一度连京城都惨遭沦陷，皇帝仓皇北逃，结果不外乎赔款了事，并无亡国之忧，此时国家危机更多表现为经济危机，所谓能用钱解决的问题不是问题，至少不是什么大问题，故而大多国人尚未感受到危机四伏、危急存亡；甲午之后，画风大变，不仅赔款，还得割地，"今日报传割台湾，神州赤县同一哭"，由日本领头，激起了一场瓜分中国的狂潮，名曰"亡国灭种"的历史阴影从此笼罩于中国人的头顶，长达五十年之久，直至1945年抗战胜利，才守得云开见月明，其影响，甚至蔓延到今人身上，因为它不仅定义了中国的转型进程，还塑造了政治和文化的思维方式。这两点，尤其后者，乃是我们阅读中国近代史的关键。

亡国灭种的历史阴影到底有多么浓重、恐怖呢？不妨观测那个时代的流行话语。彼时彼刻，无论皇帝、大臣，还是民间的知识人，在他们嘴边或笔下，传播率最高的词语之一，正是"亡国"。譬如"不能为亡国之君"的光绪皇帝爱新觉罗·载湉、公开呼喊"中国必亡"的康有为、一直在筹划"亡后之计""亡后之图"的谭嗣同等，乃至整个朝廷，皆有亡国之忧。据光绪二十四年三月初四日（1898年3月25日）皮锡瑞日记，朝廷致电陕甘总督魏光焘云："长安古宫殿，尚存若干？"

魏光焘答："惟府城隍庙犹有规模。"这番问答，显见朝廷的小心思，一旦京城不保，则当西迁避难。对此，皮锡瑞斥道："……既弃宗社，不得已而西迁，当仿卫文公之布衣，越勾践之尝胆，岂宜先问宫殿！"熊希龄补刀道："今欲西幸，尚不知外国允许否？彼如以债项未清，扣留不放，将若之何？"（皮锡瑞《师伏堂日记》）请注意，皮锡瑞写日记的时间是戊戌年而非庚子年，因此这段记述正有点预言或一语成谶的意思，两年后朝廷果然西迁——更堂皇的说法叫"西狩"。这与其说印证了执政者的先见之明，不如说呈现了历史走势之了然。

再说康有为、谭嗣同对亡国灭种的反应。唯有意识到，甲午之后亡国的压力何其沉重，灭种的焦虑何其急切，才能"了解之同情"康有为、谭嗣同在戊戌年前后的种种激进之举。譬如康有为建议把西藏卖给英国，以筹措变法经费，谭嗣同不仅要卖西藏，还要卖新疆给俄罗斯，倘若钱不够用，还可以卖内外蒙古、青海等；又如，康有为曾设想，迁徙一批中国人到巴西，"开巴西以存吾种"，这样即便中国被列强瓜分而灭亡，其种族至少可在巴西得以延续……这等行径，在今人眼里，正与卖国无异，康有为、谭嗣同势必难逃卖国贼之骂名。但是需要注意，康有为、谭嗣同出卖国土，起因则在爱国，目的则在保国，舍边陲而保中心，有如壮士断腕。当爱国与保国陷入一种割肉式的功利主义困境，其痛苦与纠结，那些不曾在亡国灭种的历史阴影之下彷徨、奔逃的后人，如何能够体味？

这一面的康有为、谭嗣同，虽然徘徊于改革与革命之间，

引言 [003]

所选择的路径始终激进；那一面的孙中山，早已打出驱除鞑虏、恢复中华的革命旗帜。由此可知，甲午之后，激进思潮逐步登场，不久即一跃成为中国主流。罗威廉（William T. Rowe）论中国近代史，把孙中山的革命，康有为、谭嗣同的激进改革，与庚子年的义和团运动，视为对帝国主义冲击的三种回应方式（罗威廉《最后的中华帝国：大清》）。当这三者被置于同一条政治谱系之上，共通之处清晰可见，那就是激进，区别仅在于主体，到底是精英的激进，还是平民的激进。

晚清的政治思潮，在戊戌年共表现为三种：守旧、渐进与激进。等到义和团运动失败，作为罪魁祸首的守旧派遭遇重创，一蹶不振，不得不淡出政治舞台，"从欲避顽固之名"（胡思敬语），只剩下渐进派与激进派。大清最后十年的政治斗争，从思潮上讲，即可归结为渐进与激进之争，或者说改革与革命之争。辛亥革命乃是这两大思潮冲突与妥协的结果，尽管名曰革命，其实质反而不那么激进。激进思潮翻身的转折点则是五四运动（从制度之变到文化之变），自此一路狂飙，无可阻挡。

说到五四运动，李泽厚有一著名论断，曰"启蒙与救亡的双重变奏"。细究起来，不消说五四，纵观中国近代史之后半段，这一论断都难成立。所谓双重变奏，意味着启蒙获得了与救亡对等的政治地位，实则不然，甲午之后，救亡可谓中国第一要务，启蒙只是为救亡服务的工具。拿严复来说，他被视为中国第一代自由主义者之代表，其毕生目标却是"寻求富强"——这是本杰明·史华慈（Benjamin I. Schwartz）的话，出自他研究严复的名作《寻求富强：严复与西方》，斯蒂芬·哈尔西（Stephen R. Halsey）论中国现代国家的建构（1850—1949），书名也是"追寻富强"——譬如他翻译约翰·斯图亚特·穆勒（John Stuart Mill）的《论自由》，原文作"只有通过对这些生动的和有能力的个人冲动的培养，社会才算既尽其义务又保其利益"，译文则作"有国家者，必知扶植如是之秀民，而后为尽其天职，而其种之名贵，其国之盛强，视之，盖圣智豪杰，必出于此曹"，在此，自由主义不由自主地向国家主义倾斜，自由随之变为"寻求富强"的工具。

再如胡适，作为中国第二代自由主义者之代表，他有一段振聋发聩的自由宣言："现在有人对你们说'牺牲你们个人的自由，去求国家的自由！'我对你们说：'争你们个人的自由，便是为国家争自由！争你们自己的人格，便是为国家争人格！自由平等的国家不是一群奴才建造得起来的！'"（胡适《介绍我自己的思想》）仔细推敲，这句话其实大成问题。自由的主体是个人而非国家，自由即个人自由，哪有什么国家自由呢？胡适未必不明白这一点，然而迫于救亡的压力，只能在个人与国家之间寻求折中，玩一把政治障眼法，以国家自由之名，为追求个人自由辩护、加持。如此可知，自由主义所对应的启蒙，如何屈从于"寻求富强"所对应的救亡。二者地位，高下立判。

当救亡图存作为时代主题，正如当亡国灭种作为时代危机，激进必将成为首要选项。因为渐进一向需要时间的打磨，然而国家将亡,危在旦夕,迫在眉睫,时间成为最奢侈的物品;与此同时,渐进需要和平、稳定的环境和土壤,这同样为内忧外患的近代中国所稀缺。彼时中国乃是乱世,乱世争锋,激进为王。越激进,越正确,越得人心,越有受众,越易成功。所以在二十世纪上半期,政治思潮的方向大致可归纳为激进压倒渐进,革命压倒改革,救亡压倒启蒙,左翼压倒右翼——就左右之争而言,不独中国如此,而是世界浪潮,记得乔治·奥威尔(George Orwell)说过:"在1934年或者1935年,如果作家不'左倾'的话,会被认为是个怪物。"

1943年9月,在中国担任外交官的费正清(John King Fairbank)致信劳克林·柯里(Lauchlin Currie)博士,谈到中国自由主义者所面临的困境。这些自由主义者,大都具备留美背景,"是美国体制与科学准则培养的最好典范",不过"至今仍然没有为中国的进步提供多大动力"。"对于如何推动国家前进,他们还提不出明确的方向。他们正在极其耐心地等待着中国历史上曾经有过的那种百家争鸣、自由讲学的好时光的再次来临。事实上这种好时光可能永不再现了。"最后他设想,换作他是中国人,在此乱世,能做什么?结论非常明确,"我想做的正是中国共产党正在做的事情,不激进无以成事"。(费正清《费正清对华回忆录》)

不激进无以成事,这七个字,堪称中国近代史的最佳注脚。当然,激进是一柄双刃剑,有人视之为潮流,有人则视之为旋涡,在后者眼里,中国从近代向现代转型,所感染的一大病症即可形容为"激进之踵"。二十世纪九十年代以来,在"告别革命"的呼喊声中,对激进主义的剧烈批判构成了中国学界与舆论界的主流。可是,如果不能洞察激进的起源,如果不去追究"说什么激进"背后的"为什么激进",如果不愿设身处地去追索为什么众多国人会投身激进之河,那么不管后世的批判多么慷慨激昂,多么痛心疾首,都无法驱散激进的身影,阻止激进的返潮,而终将陷入杜牧《阿房宫赋》所描绘的历史恶性循环:"秦人不暇自哀,而后人哀之;后人哀之而不鉴之,亦使后人而复哀后人也。"

激进思潮在中国近代史上所导演的第一场政治运动,当推戊戌变法。故此,让我们的目光退回到两甲子前的戊戌年。

一、戊戌年的派系与思潮

谈论戊戌变法,首先涉及人与派系的问题。所谓有人的地方就有政治,有政治的地方就有派系,哪怕无比厌恶钩心斗角、尔虞我诈的派系政治,却不得不承认这一残酷事实。话说戊戌年的政治派系,一是帝党(光绪皇帝一党)与后党(慈禧太后一党),二是守旧派(顽固派)、维新派(改革派)与革命派——当时革命势力犹如星星之火,虽然微不足道,却属"预流"(预知了时代潮流),不可轻忽。这是最流行的两种分法,前者的轴心是人,后者的轴心是政治观念和策略。

因人成派,最是常见。不过问题恰也出在人身上。拿帝党与后党来说。一来要注意,这里的"党",不同于现代的政党,并无组织、纲领、纪律等可言,只是一个松散的团体,甚至连团体的雏形都不具备;二来,戊戌政变之前,光绪与慈禧的矛盾,不像后世描绘、想象得那么严重,二人在大多数时候都是一体,不宜强行分作对立两派;三来,帝党与后党的二元划分,难免褊狭,万千朝臣,主动站队的其实极少,大概只有翁同龢、张荫桓、李鸿章、刚毅、荣禄等寥寥数人，更多人既非帝党，亦非后党，抑或周旋于两党之间，怎么定位，连他们自己都不清楚，遑论外人与后人。由此可见帝党与后党之分的缺陷所在。

那么以理念区分，会不会明晰一些呢？问题同样存在。有人对守旧与维新毫无主见，不知该怎么站队；有人游移于新旧之交，朝三暮四，首鼠两端；最要命的是，戊戌年这三派之维新派，容纳了渐进与激进两种政治路线，这两路人马，未必是兄弟或同志，有时反而如不共戴天的冤家，彼此之仇视，甚至超过对守旧派。如此一来，这一顶维新派的大帽子，扣在瘦骨伶仃的历史细节头上，只怕不大合用。

再不合用，却也不得不用。我设想的补救之道，则在引入政治思潮，对派系进行细化。戊戌年的政治思潮，大致可归结为三种：守旧、缓进与急进。按现在流行的说法，缓进不妨叫渐进，急进不妨叫激进。维新派内，有渐进，有激进，革命派则属激进。故此，激进者如康有为、谭嗣同等，单论派系，不免模糊，只能说徘徊于改革与革命之间；结合思潮，立即了然。

而且，以思潮为视角，更容易观察晚清政治格局与实力消长。假如数人头的话，戊戌年实力最强的一派，无疑是守旧派。戊戌变法期间，光绪开放上书权，允许官民自由上书。八月初五日（9月20日），教习知县广西举人李文诏上书云："臣窃观中外大臣，大约主守旧者，十之七八。而一二新进，德望又不足以服众，而欲辅我皇上维新之治，不可得矣……"（转引自茅海建《戊戌变法史事考》)官员如此，百姓更甚，倘把官民都算上，守旧者的比重估计高达十之八九。这一判断，两年后得到确实印证。据刘孟扬《天津拳匪变乱纪事》，时人对待义和团的态度，"官无论大小，民无论男妇，大概信者十之八，不信者十之二"。所谓信者几乎都可划入守旧派之列。

说到守旧派在朝中势力之大，试看这两节史料。光绪二十四年七月十七日（1898年9月2日），盛宣怀致电张之洞云："在仲相前密言，内外大臣志在自强者不多，各人务须联络一气。仲相深然之，允即先与钩处通函，以后好商量办事，并云素来佩服，惜未晤面耳。"（盛宣怀《愚斋存稿》）仲相是对荣禄（字仲华）的敬称，自强指自强运动，即洋务运动（洋务运动前期口号"自强"，后期口号"求富"）。盛宣怀断言"内外大臣志在自强者不多"，可知大多官员都不支持洋务运动，反对洋务，正是守旧派最鲜明的标志。

"盈廷皆守旧"不仅令盛宣怀等警觉，也是光绪最苦恼的事情，甚至没有之一。光绪二十四年四月二十八日（1898年6月16日），他召见康有为、张元济等，把"四夷交迫，分割洊至，覆亡无日"的责任全部推到守旧派头上，"皆守旧者致之耳"（康有为《我史》）。后来张元济致信汪康年，谈及他觐见光绪的情形："弟四月廿八召见，约半钟之久。今上有心变法，但力似未足，询词约数十语，旧党之阻挠、八股试帖之无用、部议之因循扞格、大臣之不明新学（讲求西学人太少，言之三次），上皆言之，可见其胸有成竹矣。不过近来举动，毫

一、戊戌年的派系与思潮

无步骤,绝非善象。弟恐回力终不久,但不知大小若何耳?"(光绪二十四年六月初九日,1898年7月27日,《张元济全集》第二卷)从"旧党"到"新学"这四句,可知守旧派所制造的种种阻力,所谓变法,即以维新对守旧,搬开守旧派的绊脚石。

守旧派有哪些代表人物呢?以往我们惯于把慈禧视作守旧派领袖,实在是误会。荣禄亦然,他是后党不假,然而其人一来"颇有世界眼光"(祁景颐语),二来以通达或圆滑著称,政治态度有些漂移,不全是守旧,据考,他曾上折建言军队改革,反而算得上维新派——如果他是守旧派,以盛宣怀的眼光,怎么会劝维新派张之洞去联络他呢?相反,一向被视为维新派领袖的翁同龢,论精神底色,则是标准的守旧派。后来积极参与庚子新政的刘坤一,当时也是守旧派,他曾说:"若使吾变法,即拉吾出菜市口,吾亦不变。"再如朝中大佬刚毅、徐桐等,皆以守旧著称,他们的守旧,破坏戊戌变法,只是牛刀小试,两年后作为义和团运动的政治推手,所酿制的祸端,无疑更为激烈。

还有一位守旧派大佬,正适合作为历史镜像来考察。此人名叫谭继洵,其子即谭嗣同。光绪二十二年四月二十三日(1896年6月4日),翁同龢初见谭嗣同,写日记云:"谭嗣同,号复生,行三,敬甫同年子。江苏府,卅二岁。通洋务,高视阔步,世家子中桀骜者也。"(《翁同龢日记》第五册)敬甫同年即谭继洵,他字子实,号敬甫。翌年三月二十七日(1897

年4月28日），翁同龢见到谭继洵，写日记云："谭敬甫中丞来谈，此人拘谨，盖礼法之士，从前不知。"（《翁同龢日记》第六册）谭训聪《清谭复生先生嗣同年谱》抄这条日记，结尾多了一句"而有此子何也"，倘若属实，则知翁同龢在暗自对比谭氏父子。且说翁同龢本人也是谨小慎微的礼法之士，所以才会觉得谭嗣同高视阔步，狂放不羁。当然他的观感没有问题，谭继洵拘谨，谭嗣同桀傲，父子大异其趣，这在认识他们的人眼里，可谓共识。叶瀚曾致信汪康年，称谭嗣同"天分极高，热力亦足"，感慨"……敬老（谭继洵）何人，而生此宁馨，可见体质传于父母之说，亦未尽是"。龙绂瑞《武溪杂忆录》云："谭敬甫丈老成拘谨，君（谭嗣同）则发扬蹈厉，不守绳墨，故父子颇异趣。"

除了性情，谭氏父子的政见同样大异其趣。谭嗣同是维新派中激进一系，甚至可归入革命派；谭继洵则是著名的守旧派。光绪二十四年七月二十七日（1898年9月12日），杨深秀上《新旧人员宜慎重选用折》，其中给谭继洵的评语是"守旧迂拘，虽人尚无他，要非能奉行新政者"。此折由康有为起草，这般措辞，想必还是顾及谭嗣同面子；从反向来讲，尽管顾及谭嗣同面子，因谭继洵过于守旧，令维新派忍无可忍，照样得参他一本。胡思敬《戊戌履霜录》曾谈及谭氏父子的政治冲突："其父继洵，方湖北巡抚，年七十矣，知嗣同必以躁进贾祸，一月三致书，促之归省，嗣同报父书，言老夫昏耄，不足与谋天下事。闻者无不怪骇。"谭嗣同少时与父亲关系冷淡，成人之后逐渐好转,纵然政见歧异,还不至于在信中批评父亲昏聩——除非败局将至,伪装与父亲决裂,以为保全。不管哪一种可能,可确证的事实则是,这对父子分属两派,政见判若水火。

戊戌年间,谭继洵官居湖北巡抚,顶头上司即湖广总督张之洞。胡思敬《国闻备乘》第一条写"同城督抚不和",曾以张之洞与谭继洵之争为例(湖广总督分管湖南湖北,总督府设在武昌,与湖北巡抚同城)。他们的争执,同处一城本是小节,根本原因还是政见不合,一者维新,一者守旧,前者上折力主改革,后者极少附和,"每之洞约联衔条陈新政,皆谢不敏",因此常有龃龉。

谭继洵守旧所导致的政治效应,正应了那句老话:祸兮福之所倚,福兮祸之所伏。戊戌变法期间,守旧自是祸端,不得上司欢心,险遭中央罢斥;待变法失败,则成荣耀或福音。谭嗣同筹划围园杀后,依大清律,属谋反,位居十恶之首,当诛九族。结果谭继洵只落得革职回籍,交地方官管束,其家族毫发无损。如此从轻发落,其守旧的盛名,未尝不是一个被慈禧纳入政治考量的因素,如谭训聪《清谭复生先生嗣同年谱》所云:"当时人谓公(谭继洵)得无罪,实因笃守旧学,不崇新知。"

说罢守旧,再说渐进与激进。维新派分出这两系,有一相当重要的来源。如陈寅恪《读吴其昌撰〈梁启超传〉书后》

所述：

> 当时之言变法者，盖有不同之二源，未可混一论之也。咸丰之世，先祖亦应进士举，居京师。亲见圆明园干霄之火，痛哭南归。其后治军治民，益知中国旧法之不可不变。后交湘阴郭筠仙侍郎嵩焘，极相倾服，许为孤忠闳识。先君亦从郭公论文论学，而郭公者，亦颂美西法，当时士大夫目为汉奸国贼，群欲得杀之而甘心者也。至南海康先生治今文公羊之学，附会孔子改制以言变法。其与历验世务欲借镜西国以变神州旧法者，本自不同。故先祖先君见义乌朱鼎甫先生一新《无邪堂答问》驳斥南海公羊春秋之说，深以为然。据是可知余家之主变法，其思想源流之所在矣。

陈寅恪笔下的先祖，即陈宝箴，光绪二十一年（1895年）任湖南巡抚；先君即陈三立（号散原）。戊戌年及此前，地方办理新政，楷模当推湖南，其主导者，正是陈宝箴父子。陈宝箴曾邀请梁启超出任湖南时务学堂总教习，与谭嗣同、唐才常等屡有合作，后世遂将其纳入康有为一党。对此误会，1945年初夏，陈寅恪借评吴其昌《梁启超传》之机予以澄清，他理出了变法的两大源流：陈宝箴与张之洞不仅同事，而且同志，属渐进一系，康有为则是激进一系，两者泾渭分明，不可混为一体。

前面说过，戊戌年的守旧者人数最多，远过于渐进与激进之总和，后二者中，则以前者居多。当时在中央的孙家鼐，在地方的张之洞、陈宝箴等，都是渐进派，以"中学为体，西学为用"为宗旨——光绪二十二年八月二十一日（1896年9月27日），时任工部尚书的孙家鼐上《议复陈遵筹京师建立学堂情形折》，其中有言："今京师创立大学堂，自应以中学为主，西学为辅，中学为体，西学为用，中学为经，西学为纬；中学有未备者，以西学补之；中学有失传者，以西学还之。以中学包西学，不能以西学凌驾中学。"他明确提出"中学为体，西学为用"，比张之洞还早。这些人皆属当权派，根深蒂固，枝繁叶茂，其政治理念借权力的光环而扩散，影响力极大，绝非康有为一派所能比。

不必说孙家鼐、张之洞等，且来看康有为最亲密的朋友圈，亦有渐进与激进之分。戊戌六君子中，谭嗣同、杨深秀、林旭三人，与康有为一样倾向激进，杨锐是张之洞的人马，刘光第与张之洞常有往来，二人追随张之洞而倾向渐进。最好玩的是康广仁，作为康有为的弟弟，而且受康有为株连而死，他的政治光谱，与其兄并不一致。在致康有为弟子何树龄（字易一）信中，他曾对康有为大加批评："伯兄（康有为）规模太广，志气太锐，包揽太多，同志太孤，举行太大。当地排者、忌者、挤者、谤者盈衢塞巷，而上又无权，安能有成？弟私窃深忧之，故常谓但竭力废八股，俾民智能开，则危崖上转石，不患不能至地。今已如愿，八股已废，力劝伯兄宜速拂衣，虽多陈无益,且恐祸变生也。"(《康幼博茂才遗稿》)——茅海建认为此信可疑,不过这番话应是康广仁的本意,可参康有为《我史》所记载的康广仁之言:"自八股废后,民智大开,中国必不亡。上既无权,必不能举行新政。不如归去,选港中西文学者,教以大道,三年当必有成,然后议变政,救中国未晚也。"从这两段话尤其形容康有为的五个"太"字来看,康广仁明显属于渐进一系。在他看来,变法阻力太大,不宜以卵击石,八股已废,风气已开,后面不妨慢慢来,故而建议"阿兄速当出京养晦矣"。可惜康有为压根不听,一意孤行,最终让兄弟白白牺牲,渐进者为激进买单。

与康有为同一天受光绪召见的张元济,政治倾向和策略与康广仁十分相近。据其回忆:"……诏下之日,长素(康有为)留居日下,日日鼓吹变法甚力。余谓长素,八股既废,千百年之锢疾一旦扫除,聪明才智之士必将争入学堂,讲求实学,一二十年后人才辈出,新政之行,易如反掌,力劝长素作一结束,不必更求其他,即日南下,尽力兴学。而长素不从,且益激进。"(张元济《为刘忍斋跋康长素札》)

与康有为发生争论的维新派,除了张元济,还有王照,后者乃是戊戌变法的重要角色。1931年5月31日,胡适为王照文集作序,结尾引用了王照讲过的一段故事:"戊戌年,余与老康讲论,即言'……我看止有尽力多立学堂,渐渐扩充,风气一天天的改变,再行一切新政'。老康说:'列强瓜分就在眼前,你这条道如何来得及?'迄今三十二年矣,来得及,来不及,是不贴题的话。"(胡适《〈王小航先生文存〉序》)王照与康有为年纪相当,仅相差一岁,故称其"老康"。从一定意义上讲,他以及张元济,与康有为的争论,正可归结为渐进与激进之争。

事实上,渐进与激进之争并不限于戊戌年和戊戌变法,作为一条历久弥新的政治脉络,几乎贯穿了中国近代史的后半段。试举两例。英国传教士李提摩太(Timothy Richard)写过一本题为《现代教育》的小册子:"……在小册子中,我建议中国政府进行教育改革,并为此每年投入一百万两白银。对这个建议,李鸿章的答复是,中国政府承担不了这么大一笔开销。我说,那是'种子钱',必将带来百倍的收益。他问什么时候能见成效。'需要二十年才能看到实施现代教育带来的好处。'我回答道。'噢!'李鸿章回答说,'我们等不了那么长的时间。'"

1905年春,严复赴英国交涉开平矿权,与孙中山会面,二人有一番长谈。严复直言:"当今国民其民品之劣、民智之卑、民风之腐,实乃亘古未有之。即有改革,害之除于甲而见于乙,泯于丙而发于丁矣。"孙中山问:"即如此,依先生之见该如何?"严复答:"为今之计,惟急从教育着手,庶几逐渐更新才是。"孙中山扼严复之腕叹道:"俟河之清,人寿几何?君为思想家,鄙人乃执行家也。"(严璩《侯官严先生家谱》)

……

试看这些争论,时间、地点、人物固然不一,双方的思想和话语却大同小异。渐进论者认为中国土质不佳,阻力太大,只能聚沙成塔、滴水穿石、筚路蓝缕、以启山林,最合适的路径则是教育,办学堂、兴人才、开风气、行新政。激进论者的反对意见出奇一致,即当下中国正值危急存亡之秋,根本没有足够的时间容许渐进论者积跬步以成千里,如康有为说"列强瓜分就在眼前,你这条道如何来得及",李鸿章说"我们等不了那么长的时间",孙中山说"俟河之清,人寿几何",都在强调时间之于国家危机的急迫性。

时间之外,还有一个隐藏因素:空间。确切讲,是政治空间。渐进论者往往主张改革,激进论者大多偏向革命,前者亟须体制提供政治空间,后者则不需要:革命之起源,即判定体制缺乏自我更新的政治空间,革命之目的,即摧毁旧体制而打造新体制。这一对比,可知渐进论者在戊戌年以至晚清时期所面临的另一重大困境,哪怕执政者愿意辟出一定政治空间,以开民智、行新政,不过终归有限,一旦越界,即刻翻脸——这条界限的位置,取决于利益。

由此说回戊戌变法。这些分析,足以使我们明确维新派内部的权力结构,哪些人主张渐进,哪些人主张激进。前者以体制内的高官为代表,如孙家鼐、张之洞、陈宝箴,后者大都是中下层官员,甚至未尝入仕,如康有为系工部主事,正六品,谭嗣同系江苏候补知府,虽为从四品,"候补"暗示只是虚位,而且以晚清官场的臃肿与腐败,要去掉这两个字,难于上青天。这一区别相当重要,因为渐进与激进之分不仅涉及理念,还涉及利益，孙家鼐、张之洞等都是体制内的既得利益者，康有为、谭嗣同等尚未分享到体制的蛋糕。可作参照的是孙中山，早已与体制绝缘，故而其激进最为彻底。

把理念与利益结合起来，当知维新派内渐进一系与激进一系为什么起初能够合作，终而宣告决裂。最初他们拥有共同的利益基础与诉求：亡国灭种，近若咫尺，若不变法，整个体制之船都将沉没；以及共同的敌人：守旧派。然而在变法途中，渐进一系发现，假如按照激进一系所推行的激烈、极端的政策，这条船的结局依旧是沉没，甚至船还在，自己先被挤下去，因此急于划清界限，痛下杀手。张之洞与康有为的恩怨，正依此逻辑而上演。

不过，我们不宜夸大渐进与激进的矛盾，二者虽有冲突，却不构成二元选项——改革与革命的关系也是如此——这一点在戊戌年表现尤其鲜明。它们之外，还有第三选项：守旧。被李鸿章斥为"因循衰惫者""瘦弩庸懦辈"的守旧派，恐惧一切进步、进化，不管渐进与激进，皆在其反对之列；而且在戊戌年，守旧势力极大，渐进与激进加起来，还不及对方一根指头。这一冷酷的事实，乃是我们谈论戊戌变法之成败的前提。因为有一种论调，把戊戌变法的失败归罪于康有为们的激进，诚然，激进乃是败因之一，但是激进的失败，未必能反证渐进的成功，假如由主张渐进的孙家鼐、张之洞等领导戊戌变法，结局一定大有改观吗？其实，只要以守旧为主流的时势摆在那里，只要占国人十之八九的守旧派摆在那里，已经注定了答案。说到底，戊戌变法的失败，不仅是激进的失败，也是渐进的失败——政变后那两年，改革再无空间——可谓双输。

二、长于素王：康有为的革命性

现在我们进入正题，谈谈戊戌变法的主角康有为。他的名字改过两次，初名有为，应试之时，改作祖诒，光绪二十一年（1895年）考中进士，复名有为，字广厦，号有好几个，包括长素、明夷、更甡、西樵山人、游存叟、天游化人等。每个号都有其寓意，如西樵山人对应他在西樵山（广东四大名山之一，今属佛山南海区）隐居读书的青年岁月；更甡系蒙难之后所取，表示二世为人，与谭嗣同的字"复生"意涵相仿；游存叟指向长达十六年的海外流亡生涯（他有一方印，印文奇长，曰"维新百日出亡十六年三周大地游遍四洲经三十一国行六十万里"），民国二年（1913年）归国之后，曾在上海愚园路购地建房，名"游存庐"，《游存庐落成诗》云："自有天游入非想，默存独乐始于今。"这则可引出其晚年之号天游化人，此时他所思所想，不再济世救人，而是心游天外。

这些号中，最著名的一个，自然还是长素。这也应是他使用最早的一个号——光绪二十七年（1901年）梁启超撰《南海康先生传》，只提此号，不及其他。那么这个号有什么意思呢？最流行的解法认为，长者，超越也，素者，素王也，素王者，孔子也，合在一起，即超越孔子。孔子是无位之王，在其之上，只能是有位之王，由此足见康有为的志向或野心何其巨大。

好玩的是，康有为不仅希望自己超越孔子，还希望他的弟子超越孔子的弟子，试看他给五大得意弟子——号称"康门五哲"——取的号：大弟子陈千秋号超回，超越颜回；梁启超号轶赐，超越端木赐（子贡）；麦孟华号驾孟，超越孟子；曹泰号越伋，这个伋，有二解，一说孔子的孙子孔伋，一说孔子的弟子燕伋，反正都是圣贤；韩文举号乘参，按唐德刚言："把曾参当马骑也。"听起来，各个要超凡入圣，超迈绝伦，事实上，只怕这些弟子都不曾拿老师的恩赐当回事，譬如梁启超，似乎从未使用过轶赐之号。（刘成禺《洪宪纪事诗本事簿注》曾戏称梁启超为梁迈赐："梁迈赐先生，善变人也。"）

关于长素，另有一种善意的诠释，认为出自南朝颜延之《陶徵士诔》"弱不好弄，长实素心"一语。此处之素是纯净、纯洁的意思，长素可解作"成人之后保持赤子之心"，正有一番雅意。但是，如果我们洞悉这一诠释的来历，必定不以为然。光绪二十年七月初四日（1894年8月4日），余联沅上折参劾康有为，主攻方向是《新学伪经考》，其中拿长素之号说事，称"康祖诒自号长素，以为长于素王，而其徒亦遂各以超回、轶赐为号"。光绪下旨，令两广总督李瀚章查明，梁启超听闻消息，四处活动，托人游说李瀚章，以致李瀚章的回奏，对康有为大加回护，不仅称道其"溺苦于学，读书颇多"，并云"其以长素为号，盖取颜延年文'弱不好弄，长实素心'之意，非谓长于素王。其徒亦无超回、轶赐等号……"，一场祸事，就此化为无形。不过这样的政治辩护，显然不合康有为性情，他一贯工于心计，与赤子的坦荡全不相干；何况他自少时便以圣人自命，志在比素王还高一档的圣王，赤子之流，岂能入其法眼。

马永康曾考证康有为的名、字、号来源，关于长素之号，他提出了第三种，也是最原始的解释，即康有为自己的说法。宣统元年底，康有为致梁启超信中云："盖自冠年学道，得素位而行之义，因以自名。故一生行事，力为其难，而又未尝苦行，不染不舍，以为究竟。汝习与吾久，岂不识之耶？"（宣统元年十二月十七日，1910年1月27日）同年另一封信中，他明确了取号的具体时间："此旨自廿一岁大悟彻得来，因以素为号，行此三十三年矣。"（宣统元年十二月二十五日，1910年2月4日）所谓素位而行，出自《中庸》："君子素其位而行，不愿乎其外。"大意是君子应安于自己所处的地位，做自己应该做的事，不要生非分之想。这一命意，当然十分光明正大，不过康有为一生行事，恐怕远远谈不上素位而行，而屡博出位，惊世骇俗。此外还要注意，如果康有为早于二十一岁那年便取"素位而行之义"为长素之号，为什么三十三年后才对外阐发，为什么连其最亲信的弟子梁启超都不晓得呢？当他向梁启超追问"汝习与吾久，岂不识之耶"，反而有些此地无银三百两的意思。所以我推论，这种解释不可当真，哪怕出自康有为本人之手。

对照这三种解释的来龙去脉，可知第一种何以最为流行，因为它最契合康有为其人，最易呈现康有为的性情与心志，从而最能为舆论所接受。长于素王之说，在晚清并非秘密，而是公开的谈资。如章太炎自编年谱，曾谈到光绪二十三年（1897年）他在上海办理《时务报》期间与康有为一派的冲突："春时在上海，梁卓如（梁启超）等倡言孔教，余甚非之。或言康有为字长素，自谓长于素王，其弟子或称超回、轶赐，狂悖滋甚。余拟以向栩，其徒大愠。"末尾提到向栩，东汉人，《后汉书》称他"少为书生，性卓诡不伦"，"有弟子，名为颜渊、子贡、季路、冉有之辈"，其行径恰与康有为相仿，不过向栩曾官居侍中，贵重已极，则非康有为所能及。

有人会说，章太炎与康有为属于论敌，他的话未必可信。那么我们再举一例。戊戌变法期间，有一位刑部主事叫唐烜，不仅与康有为毫无瓜葛，与朝中各大派系亦无勾连。他留下一部日记，其中记载了对康有为的观感："……原名康祖诒，字长素，即祖述尧舜之义，长素云者，孔子为素王，而伊之神圣则又过之。""其弟子辈，亦多以四配十哲自命者，若汉唐宋明诸大儒，视之蔑如也。"（光绪二十四年五月三十日，1898年7月18日，《唐烜日记》）——"四配十哲"指在文庙陪祀孔子的弟子，清朝增至十二哲。这是局外人的见闻，极具证据效力。另如刘体智《异辞录》云:"有为字长素,不知其何所取义;京城士夫习闻其言孔子之教,以为长于素王也。因而启超及顺德麦孟华悉被以嘉名,曰超回、曰轶赐。"可视为对晚清舆论的一种描绘。

与长素之号相应,康有为有一绰号,曰"圣人"。这也说来话长,得从其少时讲起。据梁启超《南海康先生传》:"(康有为)成童之时,便有志于圣贤之学,乡里俗子笑之,戏号之曰'圣人为',盖以其开口辄曰圣人圣人也,'为'也者,先生之名有为也。即此一端,亦可以知其少年之志气矣。"乡邻称其圣人,不免有讥嘲之意。再看康有为自编年谱《我史》,光绪四年(1878年),他二十岁,抛弃了旧日的书本和友朋,闭门静坐养心,"静坐时,忽见天地万物皆我一体,大放光明。自以为圣人则欣然而笑,忽思苍生困苦则闷然而哭",这则可作为圣人的正式起源。

由这两段史料,可知康圣人绰号之内涵,一半推崇,一半嘲讽,前者往往出自其弟子,后者往往出自其论敌。试看章太炎致其师谭献之信:"康党诸大贤,以长素为教皇,又目为南海圣人,谓不及十年,当有符命,其人目光炯炯如岩下电,此病狂语,不值一噱。而好之者乃如蛣蜣转丸,则不得不大声疾呼,直攻其妄。"(光绪二十三年三月十九日,1897年4月20日)康有为被弟子尊为圣人,被章太炎斥为狂人或神经病,于此可见一斑。

话说章太炎也有神经病之名,其绰号章疯子,恰与康圣人相映成趣，可作一副无情对。他曾因"苏报案"被囚三年，出狱之后东渡日本，在留学界与革命党举办的欢迎会上发表演说，自称神经病："大凡非常的议论，不是神经病的人断不能想，就能想亦不敢说。遇着艰难困苦的时候，不是精神病的人断不能百折不回，孤行己意。所以古来有大学问成大事业的，必得有神经病，才能做到……为这缘故，兄弟承认自己有神经病，也愿诸位同志人人个个都有一两分的神经病。近来传说某某是有神经病，某某也是有神经病，兄弟看来，不怕有神经病，只怕富贵利禄当面现前的时候，那神经病立刻好了，这才是要不得呢！"（徐一士《一士类稿》）这里的神经病乃是褒义词，而且这番话大有道理。古往今来，天才人物大都卓荦不羁，超尘拔俗或愤世嫉俗，而不为世俗所容，流俗对他们的观感，往好了说叫奇人异士，往坏了说就是神经病。譬如《唐烜日记》云，北京士大夫眼里的康有为，"或目为奇士，或斥为妖人"。与此相应，没有敢做神经病的勇气，往往难成大事。

关于章疯子与康圣人的神经病之举，再说一事。据杏坡居士《近代名人轶事录》，章太炎早年曾入张之洞幕府，与梁鼎芬同事。有一天二人闲聊，说起康有为，梁鼎芬道："康有为霸气纵横，不失为一佳士，惟深沉不可测，传其颇有做皇帝之野心，君识其人，亦谓可信否？"章太炎笑答："君误矣，皇帝人人可做，康有为如仅图为皇帝，尚不足为异，最荒谬者，则其人竟妄想欲为教主也。"这一答语，大抵也是"狂悖滋甚"，吓坏了梁鼎芬及背后的张之洞，"立致程仪三百金，讽太炎令去"（可参章太炎自定年谱："……他日又与侪辈言及光复，鼎芬甚焉。未几，谢归。"）。章太炎本具排满思想，并不介意康有为取爱新觉罗氏而代之，不过康有为要当儒教之主，他则接受不了。由此可见康有为的狂悖，章太炎致谭献信所云"不及十年，当有符命"云云，当非诬赖。

从这一大堆故事与轶事，不难发现康有为的性格，第一是狂妄。他自视为圣人，"以救全世界之众生"为使命，正应了那句老话：吾侪不出，如苍生何。近世多狂生，如章太炎、谭嗣同，不过论狂妄的程度、时长，以及对历史的影响，只怕无人可匹敌康有为，他的狂妄不知得罪了多少人，败坏了多少事。而且狂妄得有其资本，如果资本不足或空空如也，那就不是狂，而是妄。康有为的口碑，正挣扎于狂与妄之间。他的资本，一向有些争议，如其成名作《新学伪经考》《孔子改制考》被指剽窃廖平《辟刘篇》《知圣篇》等。鉴于此，后世曾将他比作星宿老怪丁春秋（金庸《天龙八部》），也许贬斥过甚，倘若拟之为雪山派掌门威德先生白自在（金庸《侠客行》），可能更恰当一些。

第二是与狂妄相应的偏执，即康广仁所云"伯兄思高而性执"。如梁启超名著《清代学术概论》所云，康有为之为人，"万事纯任主观，自信力极强"，为了论证自己的学说，常常不惜曲解或抹杀证据，其做学问如此，做事情亦然。其实早在此书写作二十年前，梁启超便在《南海康先生传》文中明言："先生最富于自信力之人也。其所执主义，无论何人，不能摇动之。于学术亦然，于治事亦然，不肯迁就主义以徇其事物，而每熔取事物以佐其主义，常有六经皆我注脚、群山皆其仆从之概。故短先生者，谓其武断，谓其执拗，谓其专制，或非无因耶。"照此说来，称康有为偏执，已经相当委婉，说难听一点，就是专制。

狂妄、偏执之人，行事往往急躁，这是康有为性格的第三点特色。他在戊戌年前后的种种言行，如主张"守旧不可，必当变法；缓变不可，必当速变；小变不可，必当全变""方今不变固害，小变仍害，非大变、全变、骤变，不能立国也"，常引来"办理太急，不讲章法""卤莽灭裂，轻易猖狂"之讥。不过康有为的急躁，不尽是个人性情，还有时代背景。前面曾谈及王照与康有为之争，王照主张办教育，开风气，以渐进的方式推行新政，康有为则反驳道："列强瓜分就在眼前，你这条道如何来得及？"这句话可视作时代呼声。在亡国灭种的压力之下，人心不是趋向消沉，就是趋向躁进。

我们谈康有为的性情，目的不止在描摹这个人，还试图探究一点，这么一个人，到底适合做什么。这里需要引出汪精卫的釜薪论。汪精卫曾撰《革命之决心》，发表于《民报》第二十六号（1910年2月）。他把革命比作"炊米为饭"，烧熟一顿饭，需要有人做釜，有人做薪，釜即锅，要求"不惮烦"，对应韧性，薪即柴火，要求"不畏死"，对应勇气，这二者都是"成饭之要素"，不分高下，端看革命者自觉其性格、才能适合做什么。如汪精卫自觉缺乏坚忍，"故不愿为釜而愿为薪",孤注一掷,北上行刺。

那么康有为适合做什么呢?显而易见,以他的性情,与汪精卫相似,更适合做薪而非做釜。区别在于,汪精卫面临的抉择,在革命之内:起义还是暗杀;康有为面临的抉择,则在革命之外:改革还是革命。考察改革的要素——改革虽也需人做薪,不过釜才是重头,对领袖的要求,尤其如此——如温和、渐进、妥协、节制等,在康有为身上,一个也无。所以他更适合革命,或者说只能去革命,他的激烈与狂躁,属于革命气质,他的极端与偏执,属于革命思维。吊诡的是,他最终选择了改革——由这么一位一身革命气质、满脑革命思维的人来领导改革,结局如何,不问可知。

三、"保中国不保大清"

有人质疑道：康有为拥有革命气质与思维，并不代表他会革命。理虽如此，事实则是，戊戌年前，康有为的政治派系，与其说是改革派，不如说是革命派，当时他推行双轨政策，左右出击，一手改革，一手革命，比较这二者，后者所占比重显然更大。

转向改革之后，康有为对自己的革命史三缄其口，讳莫如深。其弟子如梁启超等偶尔谈起，口气不无暧昧，不知该肯定还是否定。反倒是他的敌人，常以批判的姿态，从反向认证其革命功绩。如章太炎《驳康有为论革命书》所云：

> 吾观长素二十年中，变易多矣。始孙文倡义于广州，长素尝遣陈千秋、林奎往，密与通情。及建设保国会，亦言保中国不保大清，斯固志在革命者。未几，瞑瞒于富贵利禄，而欲与素志调和，于是戊戌柄政，始有变法之议。事败亡命，作衣带诏，立保皇会，以结人心。然庚子汉口

之役,犹以借遵皇权,密约唐才常等,卒为张之洞所发。当是时,素志尚在,未尽澌灭也⋯⋯

抑吾有为长素忧者,翼日革命之议,哗传于人间,至今未艾。陈千秋虽死,孙文、林奎尚在;唐才常虽死,张之洞尚在;保国会之微言不著竹帛,而入会诸公尚在。其足以证明长素之有志革命者,不可件举,虽满人之愚蒙,亦未必遽为长素欺也。

章太炎所列举的康有为革命史,几乎全部属实,仅"始孙文倡义于广州,长素尝遣陈千秋、林奎往,密与通情"一处,我尚未见到直接证据。陈千秋是康有为的大弟子,聪明绝人而气魄刚毅,可惜早逝,按康有为自编年谱,其死于光绪二十一年二月二十四日(1895年3月20日),年仅二十六岁。孙中山策划广州起义,恰好在此前后。那么陈千秋死前是否见过孙中山呢?冯自由《中华民国开国前革命史》云:"中山、(杨)衢云、(陈)少白在香港澳门间,尝与康广仁、何易一、陈千秋商略革命。"——何易一即前面提到的何树龄。这是唯一证据,不过见面地点并非章太炎所言的广州,而是香港或澳门。

不管陈千秋是否参与孙中山的广州起义之筹划,可以确证的是,孙、康两派接触,正始于广州起义期间,纵然并未结出正果,却可视作一次铺垫。此后两派屡有往还,如光绪二十三年(1897年)秋,由日本华侨冯镜如(冯氏系孙中山一党,曾任兴中会横滨分会会长)、邝汝磐等资助的中西学校创于横滨，孙中山致信康有为，请梁启超前去执教，康有为以梁启超正主持《时务报》笔政，分身乏术为由，改派徐勤、陈默庵、汤觉顿等，都是他的得意弟子；另外，他觉得"中西"之名不雅，特地更名"大同"，并亲书"大同学校"门额相赠。如此种种，足见康有为对孙中山革命事业的重视与支持，亦可见他对革命的态度，用时人的话说，此时此刻，"二人宗旨亦不大异"。

对于革命，康有为与孙中山宗旨一致，方法或路径则不一致：孙中山采取武装革命，康有为坚持和平革命（康广仁语）。这也是两派虽有往来却终究不能齐心勠力、同仇敌忾的根源。说到和平革命，背后有两点因素值得注意：一是康有为一派的身份，几乎是清一色知识人，不像孙中山一派三教九流，鱼龙混杂，除了知识人，还有商人、会党分子等，是以后者具备武装革命的能力而前者只能纸上谈兵，乃至连谈兵的资格都没有；二是康有为的双轨政策，主张革命而不忘改革，譬如上书皇帝、游说大臣以变法等，与执政者、现行体制眉来眼去、藕断丝连——别忘了他也是体制中人——决定了他不可能采用过于极端、暴烈的方式，说白了，他的革命性并不彻底。

和平而革命，是不是有些矛盾呢，到底该怎么推行？归结起来，康有为的革命方式，主要包括两种：宣传民权，筹谋自立。

俗话说：秀才造反，十年不成。不妨换一种说法：秀才造反，惟舌与笔。所谓舌与笔，皆指观念。康有为的革命史，最大贡献即对民权观念的宣传,如梁启超《南海康先生传》所云:"中国倡民权者以先生为首(知之者虽或多,而倡之者殆首先生)。"说到宣传民权,不得不提康有为的代表作《孔子改制考》。有人顾名思义,由改制之名联想到改革,判定这是一本托孔子谈改革的书。倘若细读,不难发现,与其说此书在呼吁改革,不如说呼吁革命,其激烈程度,堪比谭嗣同的《仁学》。论主旨,一言以蔽之,曰民主或民权。尽管当时康有为对民主政治的认识只能说一知半解,不过他对君主制的批判和君臣之义的解构已经足够精辟,以民主反对君主,以民权消解君权,在帝制中国,自属大逆不道的革命之举。

《孔子改制考》发行之后,争议极大。不必说那些冥顽不化的守旧派对此书的攻击,单说维新派中渐进一系,孙家鼐、张之洞、陈宝箴等皆持批判态度。张之洞愿意出钱供养康有为,条件是"勿言此学",康有为则断然回绝:"孔子改制大道也,岂为一两江总督供养易之哉?若使以供养而易其所学,香涛(张之洞)奚取焉?"(康有为《我史》)孙家鼐专门上折,请求光绪下旨删除《孔子改制考》中"凡有关孔子改制称王字样","窃恐以此为教,人人存改制之心,人人谓素王可作"——这里的改制断然不是改革那么简单——必将"导天下于乱也"。陈宝箴认为,《孔子改制考》导致"民权、平等之说炽矣","几若不知有君臣父子之大防",所以他也上折,请光绪"特降谕旨,饬下康有为即将所著《孔子改制考》一书版本自行销毁"。最好玩的还是翁同龢,他向光绪皇帝告状,称康有为居心叵测。光绪问："前此何以不说？"他答："臣近见《孔子改制考》知之。"

宣传民权，不是康有为一个人的事，他的弟子如梁启超等更加激进。按狄葆贤《任公先生事略》："任公（梁启超）于丁酉冬月将往湖南任时务学堂时，与同人等商进行之宗旨：一渐进法；二急进法；三以立宪为本位；四以彻底改革，洞开民智，以种族革命为本位。当时任公极力主张第二第四两种宗旨。其时南海（康有为）闻任公之将往湘也，亦来沪商教育之方针。南海沉吟数日，对于宗旨亦无异词。所以同行之教员如韩树园、叶湘南、欧榘甲皆一律本此宗旨，其改定之课本，遂不无急进之语。"——这段话有一小误，梁启超到长沙，当在光绪二十三年九月二十二日（1897年10月17日），其时并非"冬月"（十一月）——翌年二月十四日（1898年3月6日）因病离开长沙，前后共计四个多月。狄葆贤入康有为门下略晚，不过他与梁启超交情深厚——梁启超曾说，其故交当中，谭嗣同、吴铁樵以外，惟狄葆贤"最有切密之关系，相爱相念，无日能忘"——所以他的记载相当可信。如其所云，彼时康有为、梁启超的政治主张即急进法和种族革命。

宗旨既定，遂有具体动作。梁启超回忆道：

> 进到时务学堂以后，谭壮飞先生嗣同，唐绂丞先生才常和我都在堂中教授。我们的教学法有两面旗帜：一是陆、王派的修养法；一是借公羊、孟子发挥民权的政治

论。从今日看起来，教法虽很幼稚，但是给同学们的"烟士披里纯"（案：Inspiration，意为鼓舞）却不小。开学几个月后，同学们的思想不知不觉就起剧烈变化，他们像得了一种新信仰，不独自己受用，而努力向外宣传……于是引起很大的反动，为后来戊戌政变时最有力的口实。（梁启超《蔡松坡遗事》）

《梁启超年谱长编》（丁文江、赵丰田编）编到这一年，时有记述："时吾侪方醉心民权革命论，日夕以此相鼓吹，札记及批语中盖屡宣其微言。""当时吾之所以与诸生语者，非徒心醉民权，抑且于种族之感，言之未尝有讳也。"再如梁启超《清代学术概论》自云："启超每日在讲堂四小时，夜则批答诸生札记，每条或至千言，往往彻夜不寐。所言皆当时一派之民权论，又多言清代故实，胪举失政，盛倡革命……先是（谭）嗣同、（唐）才常等，设南学会聚讲，又设《湘报》《湘学报》，所言虽不如学堂中激烈，实则相策应。又窃印《明夷待访录》《扬州十日记》等书，加以案语，秘密分布，传播革命思想，信奉者日众。"——其时张之洞曾致电徐仁铸，指控《湘学报》"或推尊摩西，或主张民权，或以公法比《春秋》"。这些都是康有为一派宣传民权的证据。

以康有为的野心，其革命行动自然不甘于观念传播。除了宣传民权，他们还尝试推动腹地自立。所选中的省份，一是湖南。请看光绪二十七年（1901年）夏康有为复赵必振（字曰生）信：

> 当戊戌以前，激于国势之陵夷。当时那拉揽权，圣上无权，故人人不知圣上之英明。望在上者而一无可望，度大势必骎骎割剸至尽而后止，故当时鄙见专以救中国四万万人为主。用是奔走南北，大开强学、圣学、保国之会，欲开议院、得民权以救之。因陈右铭（陈宝箴）之有志，故令卓如（梁启超）入湘。当时复生（谭嗣同）见我于上海，相与议大局，而令复生弃官返湘。以湘人材武尚气，为中国第一，图此机会，若各国割地相迫，湘中可图自主。以地在中腹，无外人之交涉，而南连百粤，即有海疆，此固因胶、旅大变而生者。诚虑中国割尽，尚留湘南一片，以为黄种之苗，此固当时惕心痛极，斟酌此仁至义尽之法也。卓如与复生入湘，大倡民权，陈（宝箴）、黄（遵宪）、徐（仁铸）诸公听之，故南学会、《湘报》大行。湘中志士于是靡然发奋，人人种此根于心中……（《康有为全集》第五卷）

此信非常重要。康有为的革命史，如宣传民权、筹谋自立，皆可从中找到印证。游说湖南巡抚陈宝箴推行湖南自立一事，主要由梁启超承担。光绪二十三年十一月二十一日（1897年12月14日），梁启超上书陈宝箴，断言"为今日计，必有腹地一二省可以自立，然后中国有一线之生路"，这么说不是着眼于当下，而是未来，因为"若使德人胶州之祸不息，今岁即成瓜分之势，斯无可言矣"。国家快亡了，要做最坏打算，"非存自立之心，不足以善其后者"——当时谭嗣同的许多言行，也是以"亡后""善后"为名目。而且，不是说自立，就能自立，起码需要五年时间来经营，"若能假以五年，则湖南或可不亡也"。

梁启超还有一封《复刘古愚山长书》，作于同年四月。收信人刘光蕡，号古愚，陕西维新派领袖，与康有为齐名，有"南康北刘"之谓。信中称东南诸省即将沦陷，江苏、浙江、福建、广东等，都会步台湾之后尘，"惟西北腹地，远距海岸，夷迹为罕，地利未辟，涎割稍迟，而矿脉之盛，物产之饶，随举一省，皆可自立。秦中自古帝都，万一上京有变，则六飞行在，犹将赖之。故秦地若立，东连晋豫，西通巴蜀，他日中国一旅之兴，必在是矣"。他希望能与腹地二三豪杰一同经营此事，"苟力所能及，靡不竭其拳拳，共矢血诚，力扶危局，亦未见天下事之必无可为也"。（梁启超《饮冰室合集》）据此信可知康有为一派筹谋自立的第二个选项：西北。

这里要另说两点。第一，黄彰健指出，梁启超致刘光蕡、陈宝箴信中所云"六飞行在""使乘舆播迁，六飞有驻足之地"等（六飞是古时皇帝的车驾，暗喻皇帝或皇权），貌似为朝廷着想，其实都是幌子、门面话，不可信以为真，其真实想法应与"以种族革命为本位"有关，当然这不宜宣之于口，不能明目张胆劝刘光蕡、陈宝箴置大清于不顾。第二，就军事眼光而言，梁启超瞩目西北，绝对高明，他清晰预见，一旦上京或东南有变，唯有西北可以避祸，两年后庚子国难爆发，朝廷逃亡的路线恰也如此（其实朝廷早有此盘算，可参前引皮锡瑞《师伏堂日记》）。

康有为一派的种种革命行动，尤其宣传民权，有时需要公开传播，故而容易授人以柄，成为罪证。如梁启超在湖南时务学堂鼓吹民权革命论，便被当地的守旧派抓住把柄，最后参到皇帝面前。当时扣在康有为头上的罪名，最著名的一则，无疑是"保中国不保大清"。结合康有为的革命史来看，这一罪名，并不冤枉。黄彰健曾用数万字来考证这一问题，其中提及何树龄致其师康有为的一封信，正适合抄在此处，作为结语："注意大同国，勿注意大浊国……大浊国必将大乱，为人瓜分，独夫之家产何足惜！"——"大浊国"即大清的隐语。

四、康有为的转向：从革命到改革

既然康有为这般倾向革命，为什么会在戊戌年投身改革呢？说起他的转向，我们需要继续抄那封给赵必振的复信。回顾了戊戌年前的革命史之后，他转而写道：

及见皇上后，乃知圣明英勇，能扫除旧国而新之，又能决开议院，授民以权。当时孙家鼐谏曰：若开议院，上即无权。上曰：吾以救民耳，权之有吾何论焉？此固英德意奥法俄所死人千万而不可得者，而一旦上能敏展天下而行之。吾为感泣，愿效死焉……夫圣主之挺出，岂独天下不知，即吾开保国会时亦不知。陈军机次亮告我曰：皇上实英明通达，过于群臣。我答曰：此真军机颂圣之言，吾不信也。及既见圣明，乃知出于意表。试问天生此，又今遍历诸艰，不以为救中国计而何哉？（《康有为全集》第五卷）

如此信所示，康有为从革命转向改革，转折点在于觐见光绪，深深感受到皇帝的"圣明英勇""英明通达"。不过反观历史，可知康有为这一说法殊难成立。他受光绪召见，在光绪二十四年四月二十八日（1898年6月16日），此时戊戌变法已经拉开大幕，他已经置身于改革的惊涛骇浪之中，还谈什么转向呢？

这个转折点，显然要早于康有为觐见光绪那一天，我以为可以划到这一年初，他到总理衙门与李鸿章、荣禄等大臣会谈变法，稍后上折呼吁"请誓群臣以定国是，开制度局以定新制"（即《上清帝第六书》）并进呈《日本变政考》《俄彼得变政记》等。彼时他固然尚未有幸仰瞻天颜，不过光绪对他的赏识与启用之意已经呼之欲出，"望在上者而一无可望"的国情即将被打破，当在上者有所指望，他也势必调整政治策略。这甚至连投机都谈不上，须知权变正是政治的本色。

只是康有为一派一口咬定"既见圣明"导致他们的转向，令外人和后人无可奈何。譬如梁启超，戊戌政变之后逃亡日本，与日本外务大臣大隈重信的代表志贺重昂笔谈中国局势，有言：

……至草莽有志之士，多主革命之说，其势甚盛，仆前者亦主张斯义，因朝局无可为，不得不倡之与下也。及今年四月以来，皇上稍有政柄，觐见小臣，于是有志之士，始知皇上为大有为之君，从前十余年腐溃之政策，皆绝非皇上之意。于是同志乃翻然变计，专务扶翼主权，以行新政。盖革命者,乃谋国之下策,而施之今日敝邦,尤为不可行。外患方殷,强邻环伺,恐义旗未举,而敌人已借势而分割各省矣。今皇上之英明仁厚,实鲜有比,苟能有全权,举而措之,则天下晏然,必无惊而新政已行,旧弊已去,国体已立矣。此仆等之初意也。何图为母后贼臣所不容,以至有今日。(《梁启超年谱长编》)

不仅盛赞"皇上之英明仁厚",而且对革命大加贬斥,称之为"谋国之下策"——一年前他还"心醉民权革命论"呢!其变脸之速,令人瞠目。

梁启超之外,王照的说法,亦可作为印证。王照属维新派中渐进一系,政变之后,与康有为、梁启超等一同流亡日本,不久即分道扬镳。他曾与木堂翁(犬养毅)笔谈云:"及丁酉(1897年)冬康有为入都,倡为不变于上而变于下之说,其所谓变于下者,即立会之谓也。照以为意主开风气,即是同志,俄而康被荐召对,即变其说,谓非尊君权不可,照亦深以为然。盖皇上既英明,自宜用君权也。"(王照《关于戊戌政变之新史料》)他是铁杆保皇派,对光绪忠心耿耿,自然乐见康有为转向。不过,具体说到"尊君权之道",康有为坚持"非去太后不可,并言太后与皇上种种为难之状",他则不赞同,二人的分歧就此埋下。

好玩的是,关于康有为的政治转向,梁启超《南海康先生传》还提供了一种解释:

中国倡民权者以先生为首（知之者虽或多，而倡之者殆首先生），然其言实施政策，则注重君权。以为中国积数千年之习惯，且民智未开，骤予以权，固自不易；况以君权积久如许之势力，苟得贤君相，因而用之，风行雷厉，以治百事，必有事半而功倍者。故先生之议，谓当以君主之法，行民权之意。若夫民主制度，其期期以为不可。盖独有所见，非徒感今上之恩而已。

这番诠释，立意十分高明。当康有为尚且执迷于"感今上之恩"所象征的君臣之义，梁启超则把笔锋一转，上升到国情的高度：中国国情，专制既久，民智未开，故而不宜即刻推行民权，应以君权来过渡，故此开出一个折中方案，曰"以君主之法，行民权之意"。观照康有为在戊戌年的表现，大抵符合这十字要义。他虽然转向尊君权，却未尝忘情于民权，正如他虽然转向改革，其思维与行动依然残留革命派的痕迹。

与梁启超的说法相应，黄彰健指出，康有为放弃"保中国不保大清"的政治策略，从民权转向君权，同样基于对国情的考量："与当时旧党对保国会之攻击有极大关系，""康有鉴于旧党势力之大，自立民权不易行得通，遂不得不利用君权，希望透过光绪，实行改革，逐渐掌握国家实权。"（黄彰健《戊戌变法史研究》）——这也是一说，可与前两种诠释并观。倘若认同历史合力论，不妨把这三种说法一网打尽。

康有为的政治转向，不是说转就转，如转身一般方便，而是一个漫长而艰辛的过程，所以会出现这样的困境：其身体投向改革，头脑滞于革命。其实这已经足够与时俱进，他们这一派中，许多人根本转不过来。在康有为眼里，唯一能跟得上他的转向节奏的只有谭嗣同一人。致赵必振信中，他谈起谭嗣同的经历："复生之过鄂，见洞逆（张之洞），语之曰：君非倡自立民权乎？今何赴征？复生曰：民权以救国耳，若上有权，能变法，岂不更胜？"只要能变法，救中国，民权也好，君权也罢，皆可一试，不分高下。

谭嗣同从湖北到上海，"与诸同人论，同人不知权变，犹为守旧论"——此处之守旧，不同于守旧派之守旧，而指依旧坚持民权革命论——抵京之后，遂将此情况转告康有为，请其出面约束。康有为不由感慨谭嗣同是"得乎时者也"。戊戌变法期间，他曾给在日本神户《东亚报》供职的侄子康同和写信，称"……圣人发奋为雄，力变新法，于我言听计从（我现奉旨专折奏事，此本朝所无者），外论比之谓王荆公以来所无有，此千年之嘉会也"，谆谆告诫康同和等人："今与汝约，所有各报，以救中国为主，而于偶及国家、皇上及满洲，说话皆应极谨。皇上圣明如此，多为颂美之言、期望之语。今守旧者多，非言民权议院之时，此说亦可勿谈。且述我言中国非开议院之时，开郡县省会民会则可也。"（光绪二十四年六月初一，1898年7月19日，转引自吕顺长《清末维新派人物致山本宪书札考释》）从这番话来看，此时他的同志依然在高谈民权,主张开议院,正契合谭嗣同所言"同人不知权变,犹为守旧论",因此"大为满人所忌",这也是戊戌变法失败原因之一——他向赵必振反思,戊戌变法失败固然是"诸贼之罪","而亦吾党当时笔墨不谨,不知相时而妄为之,有以致之"。

康有为批评"同人""不知权变""不知相时",他自己能好到哪里去呢?以其致康同和信中两句话为例。"今守旧者多,非言民权议院之时……"因此他反对开议院——对此胡汉民另有一番揣度,光绪三十一年(1905年),胡氏在日本东京戊戌庚子死事诸人纪念会上发表演说,痛斥保皇派,称康有为在戊戌年一再退缩,从前主张开议院、立宪法,特旨召见之后,以为即将大用,"万一他把握政府的权柄,却被议院监督住他,岂不是好些不便?万一朝家错会了意,以为康有为意在立法,正要使他做议员,那时岂不抱屈?岂不辜负了非常的知遇?因此康有为的议论变了,以为实在连议院都可以不必开,宪法可以不定,有这般一个好皇帝,但求变法就够了"。(转引自黄彰健《戊戌变法史研究》)——同时他也指出,"开郡县省会民会则可也",可参《日本变政考》所言:"国议院未可先开,若州县村乡议会,则诚不可不开以达民情也。"这固然可以美其名曰折中,美其名曰"以君主之法,行民权之意",却也证明了康有为的"权变"即转向并不彻底,终究不能放下一些"旧论"。倘若他真正通权达变,相时而动,后一点也许不会再提。那句"吾党当时笔墨不谨,不知相时而妄为之"的批评,用在他自己身上,亦无不可。

四、康有为的转向:从革命到改革

五、革命的改革

康有为是戊戌变法的主角,这一点向来没有任何异议,异议在于,他所扮演的角色该怎么定位。以前我们习惯称其为戊戌变法的领导人(者),比作宋朝的王安石等,而今则有一种论调,坚决否认其领袖地位。譬如认为当时康有为官止五品,仅受光绪召见一次,所上奏折,极少采用,大都落空,最关键的还是光绪对他的态度,并不像以往所判定的那么密切,光绪赏识他的才学,爱读他编写的书,不过只把他当作智库或宣传人才,故而既未大用,亦非重用,变法初期,曾下旨让他到上海督办《时务报》,置于与其不和的孙家鼐监管之下,这纵使谈不上疏远或放逐,至少显示了他在光绪心中的地位,绝非心膂股肱,举足轻重,一日不可无此君……如此种种,哪里该是一个领袖所享受的待遇呢?

这些都是事实,毋庸置辩。我想推敲的是"领导"或"领袖"二字。如果仅仅将戊戌变法视作一场时长百日的政治运动,结合帝制时代的权力运作逻辑,那么领导人只能是皇帝本人。但是，一旦开始追问，光绪的变法思想从何而来，大清朝野的变法风气从何而来，康有为的作用便浮出水面。

窃以为康有为之于戊戌变法的最大贡献，端在一个"势"字。他是造势或开风气者，好比吹鼓手或设计师。张元济对康有为本持批评姿态，认为康有为开保国会"……其意在耸动人心，使其思乱，其如何发愤，如何办法，其势不能告人"；不过在戊戌政变爆发后二日，他致信汪康年，转而为康有为辩护："康固非平正人，然风气之开，不可谓非彼力。"（光绪二十四年八月初八日，1898年9月23日，《张元济全集》第二卷）对康有为的赞赏，即在"风气之开"。汪康年亦作如是观。他曾致信日本友人山本宪，反思戊戌变法之成败，一面肯定："……敝国今岁改革，一切颇有除旧更新气象，实皆康君有为一人所为。"一面否定："顾求治未免太急，康君又不能容人，凡与己不协者，必驱之而后快，以致酿此奇祸。"（光绪二十四年八月十八日，1898年10月3日，转引自吕顺长《清末维新派人物致山本宪书札考释》）其肯定之词正落在了"气象"之上，并盛赞康有为"一人所为"。再如孙宝瑄，从其日记来看，对康有为认同度不高，却承认"惟能发矇振聩，开风气，则于中国有大功"（光绪二十六年七月初四日，1900年7月29日，《孙宝瑄日记》），所认同的要点也是"开风气"。

再看彼时对康有为的种种批评，无非"惑世诬民，非圣无法""摇惑人心，混淆国是"等。政变之后数日，伊藤博文一方问"康有为究犯何罪"，李鸿章答："论其罪状，无非煽惑人心，致于众怒。"——这属于高高举起轻轻放下，有替康有为遮掩之嫌，话说李鸿章对康有为的态度，可谓赞成其理念，鄙弃其手段。试看这些辞令，关键词都是"人心"。联系造势与人心的关系——所谓造势，营造的是舆论，开启的是风气，撼动的是人心——可知我们为什么说康有为是造势者。

造势或开风气者，在梁启超《南海康先生传》中，有一专门概念，曰"先时之人物"。先时者，先于时代。与此相对，曰"应时之人物"，应时者，追随时代。两者比照，前者毋宁更难得，更可敬。用梁启超的话讲，先时之人物，造时势之英雄也，应时之人物，时势所造英雄也。没有英雄造时势，谈何时势造英雄？在梁启超笔下，康有为便是这么一位开风气的先知、造时势的英雄。由此说来，哪怕不能认同康有为是戊戌变法的领导人，至少可称作发起人：他造就了戊戌变法之势，发起了二十世纪中国激进之势，须知国事之成败，有时正在这个"势"字。

顺道一说，先时之人物，命运往往不佳。如梁启超所云："先时而生者，其所志无一不拂戾，其所事无一不挫折，而其及身亦复穷愁潦倒，奇险殊辱，举国欲杀，千夫唾骂，甚乃身死绝域，血溅市朝。"康有为的遭遇，纵然没有这么凄惨，却也庶几近之：他不曾身死绝域，却流亡异域长达十六年；不曾举国欲杀，千夫唾骂，其名声却属毁誉参半，更确切的说法，叫名满天下，谤亦随之，而且早在戊戌年便已如此。光绪二十四年五月二十七日（1898年7月15日），陈宝箴上《请厘正学术造就人才折》，称康有为"博学多材，盛名几遍天下，誉之者有人，毁之者尤有人。誉之者无不俯首服膺，毁之者甚至痛心切齿，诚有非可以常理论者"。揣摩其措辞，似乎还是毁之者多一些呢。

回到正题。前面说康有为造就了戊戌变法之势，然而其贡献仅止于此。变法期间，梁启超曾向夏曾佑吹嘘："新政来源真可谓令出我辈，大约南海先生所进《大彼得变政记》《日本变政记》两书，日日流览，因摩出电力……"（《与碎佛书》，碎佛是夏曾佑的号，这封信后面不无牢骚，如感慨"南海不能大用""仆之久不察看"等）他能强调的只是"来源"，因为变法推行之后，康有为的表现便捉襟见肘，步履维艰。

何以至此？我们需要注意两个方面。一是康有为的身份和才略。论身份，他虽头顶乌纱帽，本质上还是书生或知识人，并无多少政治经验，论对官场的了解，可能还不如在浙江做过小吏的康广仁，康广仁能说出"自古无主权不一之国而能成大事者"这样的话，他未必参得透。论才略，充其量只能说，他有大略而无雄才，甚至大略一节，亦有争议。梁启超认为先时之人物必须具备三种德行：理想、热诚、胆气，并称康有为"其理想之宏远照千载，其热诚之深厚贯七札，其胆气之雄伟横一世"。哪怕这三点都可成立，那也只适合用来造势，而非做事。做事需要的才干，以及相应的德行如冷静、耐心等，在康有为身上，毫无踪迹。这一点，连梁启超都难否认，所以他写道，与其说康有为是政治家，不如说是教育家，与其说是实

五、革命的改革

行者，不如说是理想者。

　　第二个因素，涉及康有为的政治派系与思潮。戊戌年前，他本是革命派，尽管同时不忘改革——这么说有把改革与革命对立为鱼与熊掌的二元选项之嫌，事实上两者并不必然冲突，有时反而可相互成就，譬如没有革命的压力，则无改革的动力，革命正可为改革造势，相比用改革为改革造势，也许事半而功倍——待到戊戌年初，"……康乃踵商君故智，卒然得君"，商君指商鞅，卒然，意为突然、忽然，这是严复的话，大意是康有为效仿商鞅的路数，突然得到君主的信任。请注意"卒然"二字，如果康有为的得宠，是一个循序渐进的过程，那么他从革命转向改革，将随之循序渐进，问题在于"卒然"，突如其来，一步登天，可是他并无充足的思想准备，以致面向改革，背向革命，置身于改革队伍当中，依然一副革命话语与思维。他是这样，谭嗣同亦然。基于此，他们推行改革，必然激进，必然深具革命性。

　　改革者的激进与革命性，首先表现在话语。据苏继祖《清廷戊戌朝变记》，康有为觐见光绪之时，在朝房与荣禄相遇，荣禄问："固知法当变矣，但一二百年之成法，一旦能遽变乎？"他愤然答道："杀几个一品大员，法即变矣。"曹孟其《说林》记载的康有为之言大同小异："杀二品以上阻挠新法大臣一二人，则新法行矣。"梁启超《论变法后安置守旧大臣之法》曾引用"日本中央报载有支那细人邹某之言"："……荣禄尝询康以变法之方。康曰：变法不难，三日足矣。荣问何故，康曰：但将二品以上官尽行杀了，可矣。"随即表示否定，称康有为并未说过这句话。按理说，这三种说法，似乎应以最后一种即当事人梁启超所记为准，不过后世却置梁启超的说法于不顾，而以苏继祖的说法广为流传。对此，我的看法有些折中：康有为固然狂妄自大，目中无人，只怕还不敢当面恐吓朝中大佬荣禄；另一方面，以康有为一贯性情，当荣禄问他如何变法，他肯定会口吐狂言。这两面之间的空地，留给了公众想象与历史演义。最终所生产的"杀几个一品大员，法即变矣"，即便不是事实，却不妨作为一种舆论，以呈现时人对康有为的观感。

与此相应，谭嗣同游说袁世凯兵谏之时曾放言："自古非流血不能变法，必须将一群老朽，全行杀去，始可办事。"令袁世凯感慨"因其志在杀人作乱，无可再说"。此言出自袁世凯《戊戌日记》，这本书长期置于另册，近来却被认为相当可信。我无意考辨谭嗣同之言可信度的高低，是否确凿不移，而有意将其与康有为之言搁在一处，从中抽出一种政治观，姑且名曰"杀人变法"——以这四个字总结康有为、谭嗣同在戊戌变法期间的言行，自觉十分贴切。从杀人变法，到变法尽头的围园杀后（园即颐和园，后即慈禧太后），正处于同一条政治逻辑之上。只是如此一来，这到底是改革呢，还是革命——改革与革命的一大区别，恰在对暴力的依赖和运用？

关于杀人变法，试举一例。光绪二十四年四月十三日（1898年6月1日），杨深秀上《请定国是，明赏罚，以正趋向而振国祚折》,此折由康有为、梁启超等草拟。结尾一段,向光绪献策,列举了中国与外国的四个变法故事:赵武灵王之罢公叔成,秦孝公之罢甘龙,日本之君睦仁变法之罢幕府藩侯,俄彼得变法之诛近卫大臣。请光绪效仿他们,为了"推行新政,速见实效",该奖励的奖励,该罢官的罢官——既然列出了"俄彼得变法之诛近卫大臣",则在暗示光绪,迫不得已,不妨杀人。

话语之后,再说政策。其政策之核心,即"变法之纲领,下手之条理",叫开制度局,出自康有为所起草的《请大誓臣工开制度新政局折》。制度局是他的发明,在其同志笔下,有时叫议政处,有时叫立法院,光绪所采纳的说法,叫开懋勤殿。不管叫什么名字,设置这一名为政治咨询、实为政治决策的机构,目的非常明确:夺权。以此架空军机处,就像当年雍正皇帝用军机处架空内阁一样。对此,守旧派反应非常激烈,宣称制度局一开,"如是则天子孤立于上,内外盘踞,皆康党私人,祸将不忍言矣"。

从权力斗争上讲,改革也是权力的游戏。康有为主动夺权,实属政治常态。问题在于该怎么夺权。假如光绪占据优势,正不妨大刀阔斧,狂飙突进,这可比作鲸吞;然而此时处于劣势,最可行的夺权策略,应是蚕食,一步一步挤压对手——这一策略,最是需要时间。不幸的是,无论皇帝还是臣子,都痛感时不我待,心如火焚,于是选择了鲸吞的方式,结果非但未能吞下对手,反而噎死了自己——开懋勤殿一向被视为光绪与慈禧决裂、引爆戊戌政变的导火索。

由开制度局,可见康有为的变法方针,正所谓"大变、全变、骤变",以霹雳手段,摧枯拉朽,一蹴而就,毕其功于一役,至于具体事宜,则斥之为"琐碎拾遗,终无当也"。这是典型的革命思维和行径。对此,伊藤博文曾向李鸿章打比方:"治弱国如修坏室,一任三五喜事之徒,运以重椎,绁以巨索,邪许一声,压其至矣!"(这一节出自胡思敬《戊戌履霜录》,我怀疑纯属胡之杜撰,而且有其底本,即文悌弹劾康有为奏折)"三五喜事之徒",正指向康有为、谭嗣同等。

革命与改革的纠结与矛盾,导致了戊戌变法的种种败象:改革讲究渐进,日拱一卒,康有为则在急进,一炮将军;改革讲究谈判,康有为则动辄以杀人威胁对方;改革讲究妥协,康有为则从不知妥协为何物,不仅屡屡激怒守旧派,而且把本可同舟共济的维新派中渐进一系逼向对立面;改革好比把钉子钉进硬木板,要一寸一寸来敲,进一寸有一寸的欢喜,康有为压根不是敲钉子的料,他手里拿的是大砍刀,所使的招式是"力劈华山"……就此而论,戊戌变法可谓一场以革命方式推行的改革,夸张一点说,这乃是一场披上了改革外衣的革命——如果要从改革者身上寻找失败的原因,那么正摆在这里。

六、"保大清不保中国"

偶遇一道历史选择题：

晚清时期，最活跃的三个政治派别，分别被时人概括为"主保中国，次保大清""主保大清，次保中国""只保中国，不保大清"，其中"主保中国，次保大清"指：
A．顽固派
B．洋务派
C．维新派
D．革命派

这道题并不难答，可用排除法。首先洋务运动与洋务派在甲午战争之后渐渐销声匿迹，可排除 B；其次革命派志在驱除鞑虏，推翻清朝，可排除 D；顽固派即守旧派，与维新派的区别，主要在政治观，具体到保大清与保中国的顺序，顽固之为顽固，守旧之为守旧，肯定把大清放在第一位，这么一来，答案只能选 C。

不过，这道题本身便大成问题。暂且不论维新派可分出渐进与激进二系，对大清的态度迥乎不同，单是以康有为为代表的激进一系，其政治观并非一成不变，而是一波三折。拿保大清与保中国来说，康有为一度曾头顶"保大清不保中国"的罪名，这与"主保中国，次保大清"完全冲突。而且，我实在难以想象，怎么才能做到"主保中国，次保大清"，正如守旧派怎么才能做到"主保大清，次保中国"？

事实上，大清与中国，往往只能保一个。真正有意义的议题，只有"保中国不保大清"与"保大清不保中国"。前者之出处，一般归结到一个叫文悌的满族官员名下。光绪二十四年五月二十日（1898年7月8日），时任湖广道监察御史的文悌上疏弹劾康有为，从《孔子改制考》一路批到保国会，称康有为"私聚数百人，在辇毂之下，立为保国会"，天天向路人吆喝："中国必亡，必亡！"这一幕固然夸大其词，不过结合汪大燮致其堂弟汪康年信中所云康有为在保国会演讲"自始至终无非国家将亡，危亟之至，大家必须发愤。然从无一言说到办法，亦无一言说到发愤之所从"（光绪二十四年三月二十四日，1898年4月14日），可知亦非捕风捉影，凿空投隙。结论是，康有为种种言行，"其势小则群起斗争，立可召乱；大则各便私利，卖国何难"。奏疏里面，文悌还写道，他曾劝康有为"将忠君爱国合为一事，勿徒欲保中国而置我大清于度外"，这便是"保中国不保大清"的渊源。

还有一种说法。戊戌变法失败之后,《申报》(光绪二十四年九月十六日,1898年10月30日)刊出《缕记保国会逆迹》一文,其中引用了乔树枏——他也是维新派——致梁启超的一封旧信。他听说自己名列保国会并刊于《国闻报》,大为不满,当时他去参会,本以为只是茶会,"实未闻贤师弟道及保国会三字",从而痛斥康梁此举"欲以愚人,其实自愚之甚"。信中又云:"又闻人言,贤师弟立会宗旨,但保中国,不保大清……"这则明确记载了"保中国不保大清"的口号。按黄彰健考证,乔树枏写此信,应在戊戌年闰三月二十五、六日(1898年5月15、16日)之间,比文悌上疏还早两个多月呢。不过对于此信的真实度,恕我"于不疑处有疑"。《缕记保国会逆迹》作于戊戌政变之后,属于标准的马后炮、秋后算账,如"逆首康有为"云云,已经把康有为等打入另册,欲加之罪,何患无辞,其所援引的证据,理当审慎对待。

话说回来,不管谁第一个站出来指控康有为"保中国不保大清",不管于何时指控康有为"保中国不保大清",这七字罪名,施予其人,一点都不冤枉。戊戌年前他作为革命派,"专以救中国四万万人为主",眼中并无大清分毫。投身改革之后,倘若按他设计的激进政治路线,一来未必能保住大清,如文悌弹劾康有为,把变法比作修缮破屋子,称康有为的方法为"三五喜事之徒,运以重椎,绠以巨索,邪许一声,曳之倾仆,而曰非此不能捷速",结果直接把屋子给推倒了;二来纵使保住了大清,康有为作为变法第一功臣,加之其政治野心,必将独揽大权——黄彰健考证康有为"保中国不保大清",指出其有志于国家元首,甚至谈到篡位的可能——这样的大清,在一些人看来,到底是爱新觉罗氏的大清呢,还是康有为的大清,若为后者,其实正接近"保中国不保大清"。

由此再来说戊戌年后康有为何以从"保中国不保大清"的革命立场退却,一退再退,终而反转,最后一头扎向"保大清不保中国"的深渊或幻象。这里需要引出我的一个推断:康有为彻底转向改革,不是发生在戊戌变法期间,此时无论观念还是手段,他依旧滞留于革命阵营;而是发生在变法失败之后。一般而言,改革不成,证实渐进之路不通,改革派将被推向革命洪流,在康有为身上,表现恰恰相反。

据冯自由《革命逸史》,政变之后,康有为逃亡日本,其时孙中山、陈少白等革命党人也在日本,"以彼此均属逋客,应有同病相怜之感",遂在日本人宫崎寅藏、平山周之斡旋之下,与康有为、梁启超商谈合作事宜。陈少白"痛言满清政治种种腐败,非推翻改造无以救中国,请康改弦易辙,共同实行革命大业"。康有为则答道:"今上圣明,必有复辟之一日。余受恩深重,无论如何不能忘记,惟有鞠躬尽瘁,力谋起兵勤王,脱其禁锢瀛台之厄,其他非余所知,只知冬裘夏葛而已。"这可视为对革命的明确拒绝。

然而,康有为一面拒绝革命党人的邀约,一面照旧使用激进的革命方式。光绪二十六年(1900年)夏,唐才常在汉口筹划自立军起义,背后主谋正是康有为。尽管康有为接应不力，构成了起义失败的一大缘由，却不容抹杀其领袖地位。吴永《庚子西狩丛谈》曾提及一个细节，唐才常策划起义之时，仿哥老会开立山堂、发放布票之法，发行"富有""贵为"两种签票，以为入党标志，票中分嵌"有""为"二字，尊崇康有为之意，一目了然（一说"富有""贵为"是"富有四海""贵为天子"的省略）。

对于自立军起义，章太炎称康有为"素志尚在，未尽澌灭"，素志，即革命。不过，恰是此次起义失败，致使康有为绝缘于革命之路——有人认为，当谭嗣同、唐才常先后就义，他手中再无革命人才，不得不"告别革命"。光绪二十八年（1902年）春，他作《答南北美洲诸华商论中国只可行立宪不可行革命书》，驳斥其同志"仿效华盛顿革命自立"的铁血主张，提倡"但言民权自由可矣，不必谈革命也"——章太炎读后大怒，这才有了《驳康有为论革命书》之檄文——窃以为，直至这一刻，他才成为真正的改革派，从此固执己见，不再变易，哪怕时代被革命的浪潮所席卷，哪怕改革只剩下一个脆弱的空壳，哪怕皇上已死，大清已亡，他也垂垂老矣，依然在保皇的破旧旗帜之下抱残守缺，咄咄书空。

写到这里，我们尝试做一小结。李敖说，命运之神把康有为与慈禧太后硬铸为一枚硬币的两面，一正一反，有荣有枯，共同构成了一个时代，纵康有为一生，都无法突破慈禧统治的时代，他是十九世纪最后一个先知，却是二十世纪第一个古董。倘若以人而论，与康有为对应的是慈禧，以事而论，与康有为对应的则是戊戌变法。如果说戊戌变法成也康有为，败也康有为，似也可说，康有为成也戊戌变法，败也戊戌变法。所谓败，即限制，用今天的流行语来讲，戊戌变法限制了康有为的想象力，既是他的光芒，也是他的重负，压迫他，禁锢他，使他的后半生渐渐趋向保守。至于成，不仅表现于正面，如我们的正史所述，康有为是戊戌变法的领导人，戊戌变法是康有为一生事功的巅峰；还表现于反面，不难想见，假如没有戊戌变法，以康有为的志大才疏、轻世傲物，从事革命之路，会是什么光景与下场。要言之，他从革命转向改革，不是对改革的成全，而是对他自己的成全；由他领导戊戌变法，本无多少成功可能，变法固然失败，他却堪称赢家，用自由与鲜血书写的改革悲剧成就了他后半生甚至后世的最大政治福利。

当康有为彻底转向改革，意味着与"保中国不保大清"挥手作别。自此他开始后退，从保中国退向保大清。作为流亡者，他保大清，所打出的旗帜，只能是保皇。皇者，光绪也。除了要利用光绪的号召力，这也充分呈现了康有为的政治忠诚。然而从另一面来讲，此举极具争议，如众多历史学者指出的那样，康有为名为保皇，实则害皇，他在宣传光绪圣明、贤明的同时，大加攻击慈禧，斥之为淫后，称"伪临朝贪淫昏乱"，"伪临朝在同治则为生母，在皇上则先帝之遗妾耳"。甚至向外国媒体表示，光绪不满于慈禧——这纵是实情，却不宜曝光，因为当时光绪已经被慈禧幽禁，二人关系有如冰炭，康有为越是夸光绪，越不利于光绪，遑论去宣扬皇帝对太后的怨恨，这简直要把光绪往火坑与地狱里推。所以有人批评康有为政治幼稚，有人则痛斥其用心险恶。

康有为的心术，历来是后世的一大谈资。谈及他与光绪的关系，却也不宜指责其心术不正。戊戌变法的失败构成了他最大的政治资本，同时限制了他的政治底牌与招牌，在光绪的英明以及他对光绪的耿耿精忠之外，几乎无牌可打。尤其自光绪二十七年（1901年）起，在国内，慈禧领导的庚子新政如火如荼，相比他发起的戊戌变法，无论广度还是深度，都有过之而无不及；在海外，革命党人渐渐起势，吸引了大批青年才俊，令他的传播力和人才库相形见绌。这两面左右夹击，把他逼入了褊狭的困境：不难判断，前者抢占了改革的话语权，后者抢占了革命的话语权，他虽一度周旋于革命与改革之间，而今却两头无着（尽管他的政见属于改革派，然而他只愿认同光绪领导的改革，难以认同慈禧领导的改革）；进而言之，前者对应的是大清，后者对应的是（未来的）中国，他则陷入虚空之中，大清与他无分，中国与他无缘。

这便是清朝最后十年康有为所置身的政治生态，既非"保中国不保大清"，亦非"保大清不保中国"，而是既无大清可保，亦无中国可保。在此困窘或尴尬之中，保皇成了他仅有的选项，他试图通过对皇帝的忠诚，建构对大清的忠诚，然而这可能是过去的大清，也许是未来的大清，唯独不是现在的大清。由此来讲，所谓保皇，实质上是一面孤绝的旗帜，一种可悲的执念，一条无望的不归路。彼时彼刻，要说比康有为更悲剧的人，大概只有被困于深宫、形同傀儡的光绪皇帝。

光绪三十四年（1908年）秋天，光绪与慈禧接踵去世，这于康有为而言，既是噩耗，也是解脱。皇帝之死使他失去了一面逆风飘扬的政治旗帜，太后之死使他隐约望见了与大清和解的希望。他频频向朝廷示好，譬如给主政的摄政王爱新觉罗·载沣——光绪的亲弟弟——上书，不惜为慈禧说好话，把一切罪过都推到"逆臣世凯"头上，可是载沣并不买账。转机发生在辛亥革命之后。正如改革失败，他才成为真正的改革派，大清亡后，他才有机会忠诚于大清，自此开启了"保大清不保中国"的政治生涯。尽管大清的复国梦犹如镜花水月，尽管龙椅之上的爱新觉罗·溥仪之才具比光绪还要平庸，他依旧执迷不悟、冥顽不化，伙同一帮遗老参与丁巳复辟（张勋复辟）等闹剧，为了作为残念的大清，宁可使眼前的中国陷入混乱。

康有为赞同复辟，梁启超反对复辟，这一对师徒，再次分道扬镳。在反对复辟电中，梁启超下笔毫不留情："……且此次首造逆谋之人，非贪黩无厌之武夫，即大言不惭之书生，于政局甘苦，毫无所知。"武夫指张勋，书生即康有为。不过，难道康有为真的对政局甘苦毫无所知吗？这与其说是眼睛问题，不如说是头脑问题，甚至与其说是头脑问题，不如说是心理问题。不论大清能不能复辟，至少他的心理需要大清复辟，退一步讲，他要成全的不是大清，而是他自己，他的名节、他的价值等。这正是遗老的悲哀之处，他们的病灶不是保守，而是愚昧（确切讲，是甘于愚昧），不是顽固，而是胆怯。

七、华德里飞砖

据梁启超《康广仁传》，戊戌年间，康广仁曾屡劝哥哥康有为出京。他认为改革的时机尚未到来，不可操之过急，而当从长计议，皇上下旨废八股、开学堂，已经打开局面，康有为、梁启超等都该立即离京，到南方投身教育和舆论，"激厉士民爱国之心，养成多数实用之才，三年之后，然后可大行改革也"；如果留在北京，由于慈禧大权在握，满族人猜忌，守旧派嫉妒，不仅难以成事，反有性命之忧，康有为事业正多，责任正重，死于此时此地，十分不值。

以康有为一贯的固执，自然不会听取弟弟的建议。他决然答道："生死自有天命，吾十五年前，经华德里筑屋之下，飞砖猝坠，掠面而下，面损流血。使彼时飞砖斜落半寸，击于脑，则死久矣。天下之境遇皆华德里飞砖之类也。今日之事虽险，吾亦以飞砖视之，但行吾心之所安而已，他事非所计也。"

这番话有一关键词，我称之为"华德里飞砖"——华德里在广州西关。如果担心梁启超代人立言，可从康有为的著述当中找出印证。话说戊戌政变爆发前夕，康有为仓皇出京，曾在南下的船上留下两份遗书，其一致弟子徐勤，托以后事。二十年后（1917年），康有为六十岁生日，翻出遗书，加以跋语，谈及逃亡经过，称光绪下旨，令他到上海办报，他死活不走，欲留京营救皇上，谭嗣同和康广仁把此事包揽下来，催他速行，康广仁甚至跪地请求，"吾以死生命也，少年在粤遭华德里落砖，如死久死矣……"。

此外还有一处佐证。康广仁致何树龄信中云："弟旦夕力言，新旧水火，大权在后，决无成功，何必冒祸。伯兄（康有为）亦非不深知，以为死生有命，非所能避，因举华德里落砖为证，弟无如何。"

这三种文字，从三个角度，论证了华德里飞砖之说。不过三者口径并不一致，梁启超所叙述的语境是"既而天津阅兵废立之事，渐有所闻"，康有为则把时间点延后至戊戌政变即将发作的前夜，康广仁书信未尝明言，结合前后文，似与梁启超相近。当然这只是小节，真正值得关注的乃是华德里飞砖本身。作为一个意味深长的意象与隐喻，它至少隐藏了两重因素，一是偶然，二是命运。

我一直坚信，历史并无必然可言，由历史必然性所衍生的历史哲学、历史规律、历史决定论云云，其实是一种外在于历史的事物，其价值，不在诠释历史，而在试图指引现实和未来。

从华德里上空忽然坠落的那块砖头，只划破了康有为的脸,假如向后半寸,则将砸中他的脑袋,即便不至一命呜呼,那也极有可能导致脑神经严重受损,使圣人沦为愚人,从此世间再无康圣人,以及与其相关的种种历史。这半寸的距离,便是偶然,甚至飞砖本身,也是偶然,超出了人的测度,无法预判,无法规避,是否会撞上,几时会撞上,还是偶然——有人将之归结于命运,其实命运不是必然,而是无限的偶然,偶然到无限大,大到令人惊惧,令人拜服。

所谓历史,即众多偶然汇聚一处,所形成的一种概率。有些偶然能改写概率,有些则不能。华德里飞砖属于前者。笃信历史必然性的人也许会说:纵使那块华德里飞砖砸死了康有为,还会有李有为、王有为们挺身而出,上书皇帝,呼吁改革,组建强学会、保国会等,造戊戌变法之势……我却以为,康有为只有一个,不消说当时,纵观中国近代史,他这样的性情与思想,也是独一无二,无人可以替代,如果没有康有为,历史必将改写,呈现为另一种轨迹。由此可知,那块华德里飞砖以及那半寸差距何其关键。

戊戌年的康有为,屡屡遭遇华德里飞砖。譬如康广仁苦劝他离京,他若听从,也许戊戌变法依然失败,不过应该是一种温和的写法。再如他与谭嗣同筹划兵变,围园杀后,所游说的军人是袁世凯而非董福祥——这在康党内部曾有激烈争议——这固然不会影响戊戌变法的结局,却严重影响到晚清的政局:袁世凯就此上位,最终扮演了大清王朝的掘墓人角色。说到这里,我们发现历史的剧目已经变换了主角,那块华德里飞砖,不是与康有为，而是与袁世凯擦肩而过。

继续说康有为。数十年来，他始终认为，自己能从华德里飞砖之下逃生，意味着一种天命、一种神迹。他是要做大事的人（"救全世界之众生者"），天将降大任于斯人，所以屡屡历险而不死。如戊戌年的逃亡路上，他曾经历"十一不死"：

> 吾先出上海办报，则上海道掩捕立死；皇上无明诏、密诏之敦促，迟迟出京，必死；荣禄早发一日，无论在京在途，必死；无黄仲弢之告，宿天津，必死；从仲弢之言，出燕台（烟台），亦必死；搭招商局之"海晏"船，英人欲救无从，必死；是日无"重庆"之轮开，或稍迟数时行，追及，必死；"飞鹰"快船不因煤乏还，必死；莱青道非因有事往胶州，则在燕台，必死；上海道不托英人搜，则英领事不知，无从救，必死；英人不救，亦必死。凡此十一死，得救其一二，亦无所济。（康有为《我史》）

这十一次与死神的交错，皆可视为华德里飞砖的余绪。如此而不死，难怪康有为和梁启超要一同感慨"岂非天哉"！他们认为，天生康有为，专为救中国，康圣人不死，证明中国不亡，大道未绝。对此，不宜责难先贤的虚妄，然而恰可见天命的虚妄。因为戊戌年后的康有为，借用梁启超的术语，已经渐渐沦为历史的反作用力，他的不死，其实阻碍了历史，要是死了，反而可能会助推历史，反正不管哪一种情形，都难与"中国不亡"扯上关系。如果能够认同这一论断,可知"岂非天哉"的感叹何以荒诞。华德里飞砖与"十一不死",与天命无关,说到底还是偶然。

八、革命派谭嗣同

康有为之后,我们的目光将投向戊戌变法的另一位主角:谭嗣同。把康有为定性为革命派,想必会引来一些争议,是以我的措辞相当谨慎,只强调其革命性;相形之下,把革命派的标签贴到谭嗣同头上,无须一丝犹疑,这是一个货真价实的革命派,连革命党人都愿为之背书、认证。1912年9月16日,应袁世凯之邀北上的黄兴,在北京湖南同乡会举办的欢迎会上致辞道:"中国革命,湖南最先。戊戌之役有谭嗣同,庚子之役有唐才常,其后有马福益、禹之谟诸君子。萍醴之役,广州之役,我湖南死事者,不知凡几。又如陈天华、杨笃生、姚鸿(宏)业诸君子,忧时愤世,蹈海而死,所死之情形虽异,所死之目的则无不同。兄弟继诸先烈后奔走革命,心实无他,破坏黑暗专制,跻我五族同胞于平等之地位而已。"(黄兴《在北京湖南同乡会欢迎会上的演讲》)这则直接把谭嗣同纳入革命谱系,并视之为源头,推许之高,有如革命先驱。

若谓黄兴之言有"湖南人共同体"之嫌,且来细细观测谭嗣同其人。判断一个人的政治派系与政治观，标尺无非两点，一理念，二行动，所谓察其言而观其行是也。谭嗣同的政治理念，归结起来，一是反传统，二是反专制（君主），三是兴民权，四是排满，五是暴力革命。这五点，前三点与戊戌年前的康有为相近，后两点则判然有别。其实相近之处，亦有差异。譬如康有为宣传民权，讲究托古，假借孔子之名，虽然孔子只是他手中的招牌，不过终究难以割舍，他对中国传统的态度，也是在爱恨之间。谭嗣同则不然，其代表作《仁学》，以摧枯拉朽、犁庭扫穴之势，几乎把中国传统一扫而空之，试看这样的言论："二千年来之政，秦政也，皆大盗也；二千年来之学，荀学也，皆乡愿也。惟大盗利用乡愿，惟乡愿工媚大盗。"如此歇斯底里，康有为再极端，怕也写不出来。顺道说一句，谭嗣同的歇斯底里，近乎时代气质，如严复论中国风气："华风之弊，八字尽之：始于作伪，终于无耻。"也是一般歇斯底里。

再说反专制（君主）。康有为《孔子改制考》使用的是移花接木之术，把尧舜从君主改装为民主，称"尧舜为民主，为太平世，为人道之至，儒者举以为极者也"，又云"孔子拨乱升平，托文王以行君主之仁政，尤注意太平，托尧舜以行民主之太平"。为了规避政治压力与风险，为了让更多受众接纳其学说，这般托古改制，借古讽今，无可厚非。谭嗣同则不屑这些花活，他直言道："生民之初，本无所谓君臣，则皆民也。民不能相治，亦不暇治，于是共举一民为君。夫曰共举之，则非君择民，而民择君也……夫曰共举之，则因有民而后有君，君末也,民本也。"这一观念,说民本主义也好,说民主主义也罢,至少比康有为的政治思想更进一步。再者,《仁学》曾引用法国人的民主口号:"誓杀尽天下君主,使流血满地球,以泄万民之恨。"并盛赞"法人之学问,冠绝地球,故能唱民主之义",正可见谭嗣同反君主专制之彻底,以至极端。

我们屡屡说到《仁学》,这究竟是本什么书呢?梁启超把此书称作康有为思想的投影或注脚:"《仁学》何为而作也?将以光大南海(康有为)之宗旨,会通世界圣哲之心法,以救全世界之众生也。南海之教学者曰:'以求仁为宗旨,以大同为条理,以救中国为下手,以杀身破家为究竟。'《仁学》者,即发挥此语之书也。而烈士(谭嗣同)者,即实行此语之人也。"(梁启超《校刻〈仁学〉序》)这未免有些张大其词。对于康有为,谭嗣同的确顶礼膜拜、奉若神明,在致其师欧阳中鹄信中盛赞"南海先生传孔门不传之正学,阐五洲大同之公理,三代以还一人,孔子之外无偶",比作"一佛出世","不以师礼事之,复以何礼事之"。不过论思想,并不全部因袭,而有超越的一面。其超越,一在对西学的涉猎,二在批判传统与现实的深度与烈度。要言之,谭嗣同远比康有为激进。恰因过于激进,《仁学》成书之后,不敢刊行,"著成后,恐骇流俗,故仅以示一二同志,秘未出世"。那么这本书到底激进到什么程度?谭嗣同就义之前,把《仁学》书稿托付给梁启超,翌年,梁启超将书中部分章节刊于《清议报》——还是不敢全部公开发表——并在《清议报第一百册祝辞》中表示:"其思想为吾人所不能达,其言论为吾人所不敢言。"当时以开明著称的张謇,则斥《仁学》"创杂种保种之说,谬妄已甚"。这两种论调,貌似对立,实则指向同一点。

《仁学》的贡献,即在激进批判,论及建设,则无足观——以谭嗣同的性情与学力,注定难以从事建设性的工作。同时代批判中国传统的人物,没有人比他更勇敢、更猛烈。钱穆《中国近三百年学术史》云:"晚近世以来,学术思想之路益狭,而纲常名教之缚益严,然未有敢正面对而施呵斥者;有之,自复生始也。"——复生是谭嗣同的字。当然钱穆称颂谭嗣同,关乎其个体经验。十六岁那年,他在常州府中学堂读书,因故退学,住在疗养室,从室友枕下得到《仁学》,彻夜阅读,大受震动,早晨起来便剪掉了脑后的辫子,以示与清朝一刀两断,《仁学》的魔力,竟强悍如斯。

辫子是满族人的发型,极具政治象征意义。由此来说排满。戊戌年前,康有为号称"保中国不保大清",按理说,不保大清,应暗含排满之意,不过康有为并未明示,至少在其公开言论之中,几无蛛丝马迹。相反,谭嗣同《仁学》,如梁启超《清代学术概论》所述,"鼓吹排满革命也,词锋锐不可当"。譬如称古代的暴君,只是以天下为其私产,满人"起于游牧部落,直以中国为其牧场耳,苟见水草肥美,将尽驱其禽畜,横来吞噬。所谓驻防,所谓名粮,所谓厘捐,及一切诛求之无厌,刑狱之酷滥,其明验矣";并称满人不仅作恶,而且禁止国人记述、谈论其累累恶行:"《明季稗史》中之《扬州十日记》《嘉定屠城纪略》，不过略举一二事，当时既纵焚掠之军，又严薙发之令，所至屠宰掳掠，莫不如是。""有茹痛数百年不敢言不敢纪者，不愈益悲乎！"他甚至还抨击曾国藩等为罪人，"可谓大愚"，因为他们拯救了大厦将倾的清朝。

《仁学》提到《扬州十日记》，这是史可法的幕僚王秀楚记载清军攻陷扬州、屠城十日的一本书，约八千字，读之如游地狱，令人或毛骨悚然，或悲愤填膺。因此书详细记录了清军血债，故而有清一朝，都被列为禁书。谭嗣同和梁启超等主持时务学堂期间，"窃印《明夷待访录》《扬州十日记》等书，加以案语，秘密分布，传播革命思想，信奉者日众"。梁启超还留下一则批语："屠城屠邑皆后世民贼之所为，读《扬州十日记》尤令人发指眦裂。故知此杀戮世界，非急以公法维之，人类或几乎息矣。"在守旧派眼里，这便是如铁罪证。后来曾廉上书弹劾康有为、梁启超，曾有"论《扬州十日记》，则指本朝用兵为民贼，令人发指眦裂等语"。

给学生阅读《扬州十日记》等禁书，激发排满之心，已属革命行动。说到行动，则显出谭嗣同与康有为的最大区别。前面说过，康有为的革命行动，名曰"和平革命"，主要有两种手段，一宣传民权，二筹谋自立——中间还可以加一种，即创办学会，以"开通风气，联络人才"。这三点，俱在谭嗣同的革命蓝图之中，有些环节，甚至更胜一筹。譬如对学会的预期，上升到"保国保教"的政治高度，"……国存而学足以强种，国亡而学亦足以保教。有学斯有会，会大而天下之权归焉"。光绪二十三年（1897年）底，他和唐才常在湖南筹备南学会，有意作为国会、议院的试验田。如致陈宝箴长信，感谢巡抚大人允许开南学会，"国会即于是植基，而议院亦且隐寓焉"。皮锡瑞《师伏堂日记》亦云："谭复生等禀请开学会，黄公度（黄遵宪）即以为议院。"（光绪二十三年十一月二十一日，1897年12月14日）

这三种手段之外，谭嗣同还试图诉诸暴力或武装革命。这正充分呈现了他作为豪杰的一面——相比而言，康有为毕竟是书生，其革命之要旨，端在造势，而难以推进一步。他的武装革命，第一步在于物色人才。同样物色人才，康有为的眼光倾向庙堂，倾向官僚和知识人群体，他的眼光则倾向江湖，倾向会党和草莽英雄，用梁启超《谭嗣同传》里的话讲，叫"察视风土，物色豪杰"。说起来，他虽是官二代、贵公子出身，却一身侠气，慷慨豪迈，与江湖中人臭味相投，一拍即合，以致北方侠客大刀王五、通臂猿胡七、哥老会头目师中吉、湖南豪杰毕永年等，都陆续成为他的同志，肝胆相照，生死与共。他曾托毕永年和唐才常到汉口结纳哥老会，戊戌年应征北上，在武汉中转，亲自会见哥老会首领，勉励有加，出资助之。当时他和唐才常有约，南方依赖哥老会，北方结纳京师有志之士，"然后凭此二者之力而建功业"。

第二步是结社，成立公开或秘密组织，以供革命驱策。如果说南学会不算革命组织，试以自立会为例。据黄彰健考证，自立会并非康有为、梁启超、唐才常等发起，而由谭嗣同手创。张难先作《烈士唐才常事略》，称"（戊戌）政变之未起，君与谭嗣同辈早有所图，从事联络大江南北会党与游勇，设自立会以部勒之，备缓急之用"。康有为哀悼谭嗣同诗，有"湘楚多奇材，君实主其盟"之语，亦有所指。

第三步是练兵，组建武装力量，以备举事或搏命。当时谭嗣同虽暗自联络会党，不过深知这些人不堪大用，他和唐才常所议定的重心，则在保卫局。光绪二十三年（1897年）底，因德国占胶州湾，俄国占旅顺，人心浮动，伏莽堪虞，湖南即议筹保卫局，并起草《保卫局章程》。筹备期间，唐才常和他次第在《湘报》发表《论保卫局之益》《记官绅集议保卫局事》，皆希望把保卫局打造为保卫湖南的武装力量，"……保卫局乃一切政治之起点，而治地方之大权也"。当天皮锡瑞读到此文，曾感慨："复生论保卫局事，可谓明目张胆而言之矣……"（光绪二十四年三月十四日，1898年4月4日）在南学会第八次演讲之时，谭嗣同甚至明言"保卫局即是团练之意"："……不如径办保卫局，而寓团练之意于其中，乃为经久之道。"说起团练，谭嗣同的用意昭然若揭。他虽在《仁学》书中批判曾国藩，此时则有意步其后尘。

这三步之后，或者说之前，还有关键一步，即流血牺牲。对此谭嗣同早有精神准备，戊戌年中，他曾致信欧阳中鹄云："……平日互相劝勉者全在'杀身灭族'四字，岂临小小利害而变其初心乎？……今日中国能闹到新旧两党流血遍地，方有复兴之望。不然，则真亡种矣。佛语波旬曰：'今日但观谁勇猛耳。'"(这乃是谭嗣同一派的共识,熊希龄以温和著称,当时也说:"龄观日本变法,新旧相攻,至于杀人流血,岂得已哉?不如是,则世界终无震动之一日也。")这番话不仅可见谭嗣同的大义凛然,还涉及他对局势的预判:中国必须流血遍地,才能浴火重生。他的死亡,就此埋下伏笔。

九、谭嗣同的转向：从革命到改革

说罢谭嗣同的革命之志，我们不得不直面一个难题：与康有为一样，戊戌年的谭嗣同，曾从革命转向改革，不一样的是，戊戌年前，康有为本在推行双轨政策，革命与改革两手抓（偏重革命），谭嗣同则是坚定的革命派，康有为的转向，根据他致赵必振书信以及梁启超的解说等，尚且有迹可循，谭嗣同的转向，则因他的匆匆就义而沦为一个难解的谜题。

谭嗣同的政治转向，标志是应征北上。这得从徐致靖的保荐说起。光绪二十四年四月二十五日（1898年6月13日），即戊戌变法开幕后两天，翰林院侍读学士徐致靖上《国是既定，用人宜先，谨保维新救时之才，请特旨委任折》，俗称《密保人才折》（据孔祥吉考证，此折由康有为、梁启超等草拟），举荐工部主事康有为、湖南盐法长宝道黄遵宪、江苏候补知府谭嗣同、刑部主事张元济、广东举人梁启超等五人。其中称谭嗣同"天才卓荦，学识绝伦。忠于爱国，勇于任事。不避艰险，不畏谤疑。内可以为论思之官，外可以备折冲之选"。

（孔祥吉《康有为变法奏章辑考》）是日，光绪皇帝发布上谕，命康有为、张元济于二十八日预备召见，黄遵宪、谭嗣同由当地督抚送部引见，梁启超由总理衙门察看。

当时谭嗣同正在湖南，至于到底在省城长沙还是家乡浏阳，各种年谱、回忆录等并无明确记载。其孙谭训聪《清谭复生先生嗣同年谱》有"公于春夏间返浏阳原籍一行""公在浏阳时，已知徐学士保荐事"等语，判定谭嗣同在浏阳收到光绪的谕旨。不过，五月初二日（6月20日）谭嗣同致其妻李闰的书信，似乎不能支持谭训聪的说法。这封信写于长沙，约三百字，兹录如下：

夫人如见：

正欲起程往鄂，忽然记出一件至要之事：我既保举进京，而功名保札、部照及一切公文，均未带来，兹特专人来取。请详细捡出来，并捐道员之实收，一一点清，封作一包，外加油纸，即交送信人带下，万不致误。

又单纱蟒袍各一件，挖云抓地虎新快靴一双，伽楠十八子香珠及镶金伽楠扳指（去年所买者）各一个，天球、地球、圆扇各一柄（并纸盒），香末数珠一串，好红烧料鼻烟壶二个，均请捡作一包，一同寄来为要。

我此行真出人意外，绝处逢生，皆平日虔修之力，故得我佛慈悲也。

夫人益当自勉，视荣华如梦幻，视死辱为常事，无喜无悲，听其自然，惟必须节俭，免得人说嫌话。至要至要！

二十九日信收到，诸事即照办。

此请德安！

谭复生手草五月初二日

此信相当琐碎，不过信息量极大。前两段请求在浏阳的妻子把公文、衣物等打包寄来，由此可推论两点：第一，谭嗣同接旨不会在浏阳，他为人虽然桀骜，思想虽然激烈，行事却不鲁莽，而以深沉、缜密著称，若在浏阳接旨，准备保举进京，断无可能遗落"功名保札、部照及一切公文"等种种重要物件；第二，从第二段所列举的香珠、扳指、鼻烟壶等，可见其筹划之精心，对北行之看重。

以此来说谭嗣同在戊戌年的北上之行。关于他何以选择应征北上，素有争议。对其动机或意图的揣测，大致可分两种。一种判定谭嗣同是矢志不移、百折不回的革命派，认为他参与维新，只是权宜之计，虚与委蛇，借刀杀人。如欧阳予倩（欧阳中鹄之孙）在其所编《谭嗣同书简》序中云：谭嗣同严重不满于清政府，"对于利用光绪行新政，不过认为是一时的手段"。肖汝霖《谭嗣同传》载有谭嗣同之言："与其奔走呼号，而莫之或应，何如假政治以牖进我民也。"牖即窗户，此处亦有手段之意，即借君权以行民权。赵必振为毕永年作传，称

"谭嗣同思利用载湉,借变法为革命之权舆,永年实与其谋"(赵必振《毕松甫先生传略》),也是一样说法。唐才质(唐才常之弟)《戊戌闻见录》的记述更为详尽:

> 复生七丈(谭嗣同在族中排行第七,故称七丈)奉电旨,同心者皆庆之。然七丈忽忽若不怿者,殆遇泰思否而情不能已欤?伯兄(唐才常)与之擘画联络哥老会事,七丈嘱缜密结纳之,毋为仇我者侦知……伯兄谓复生虽役其身于清廷,从事维新,而其心实未尝须臾忘革命。其北上也,伯兄为饯行。酒酣,复生七丈口占一绝,有云:"三户亡秦缘敌忾,勋成犁扫两昆仑。"盖勉伯兄结纳哥老会,而复于京师倚重王五,助其谋大举也。(《谭嗣同研究资料汇编》)

怿,悦也。谭嗣同接旨之后为什么不开心呢?未必是"遇泰思否",更可能在改革与革命之间进退两难。最后他选择投身改革而不忘革命("三户亡秦"一句,出自"楚虽三户,亡秦必楚",反清之意,溢于言表),貌似两全其美,实则还是两难。

章士钊的诠释更为大胆。他以笔名黄中黄所撰《沈荩》一书云,沈荩与谭嗣同、唐才常这三个湖南人"谈天下前局,其旨趣虽有出入,而手段无不相同。故嗣同先为北京之行,意覆其首都以号召天下。迨凶耗至,才常投袂而起,誓为复仇,荩亦随之而东下……以嗣同天纵之才，岂能为爱新觉罗主所买，志不能逮，而空送头颅，有识者莫不慨之"。照此说来，谭嗣同如余则成，打入清廷，意在潜伏。这未免有点耸人听闻。不过后来有一位革命党人程家柽，为同盟会规划三策，上策即"以游说中央军队及大政治家，冀一举以推倒政府"，并身体力行，投入肃亲王善耆府中作卧底和说客，正与章士钊诠释的谭嗣同"意覆其首都以号召天下"相通。

还有一种观点，认为谭嗣同应征北上，意味着从革命转向改革。流传最广的是康有为的说法。光绪二十七年（1901年）夏，康有为复信赵必振，谈起自己这些年来何以从革命转向改革，引谭嗣同为同道。话说谭嗣同应征北上，在武汉中转，拜会湖广总督张之洞，张之洞问："君非倡自立民权乎？今何赴征？"谭嗣同答道："民权以救国耳。若上有权，能变法，岂不更胜？"意思是，只要能救国，民权也可，君权也可，革命也可，改革也可，现在皇上愿意改革，不是更好吗？信中还说，谭嗣同进京之后，曾请他约束同志，不要再谈民权革命了。

如果说康有为的话不可尽信，再看谭嗣同接旨之后，唐才常写给其师欧阳中鹄的书信："连奉两谕，敬知皇上神圣天纵，远迈唐虞，为之距跃三百，曲踊三百！黄（黄遵宪）、谭（谭嗣同）奉旨敦促，新党之气益张，湘事虽小坏，不足为忧。合地球全局观之，变之自上者顺而易，变之自下者逆而难。今适得顺而易者，诚我四万万人无疆之幸也。"（光绪二十四年六月二十二日，1898年8月9日，《唐才常集》）唐才常与谭嗣同乃是刎颈之交，互为知己。如果说这世间哪个人最了解谭嗣同，非唐才常莫属。他既然说"今适得顺而易者"，正可视作谭嗣同转向改革的有力证据。

这两种相反的论断，似乎都有道理，我们该相信哪一个呢？正理则是，与其听他人怎么说，不如听谭嗣同怎么说，尤其是他对妻子怎么说——他与妻子感情至笃，"十五年来同学道"，与妻书无疑是其最真实的心声。由此再来看《谭嗣同全集》（增订本）所收录的三封与妻书。五月初二日书信第三段云："我此行真出人意外，绝处逢生，皆平日虔修之力，故得我佛慈悲也。"所谓绝处逢生，绝处指湖南新政已经陷入绝境，在守旧派的反扑与维新派中渐进一系（以湖南巡抚陈宝箴为代表）的妥协之下，谭嗣同、唐才常等人苦心经营的时务学堂和南学会被停办，《湘学报》被严加管束等——唐才常信中云"湘事虽小坏"亦指此事，其实这不是小坏，而是大坏；逢生之生机，则指光绪的谕旨。从"绝处逢生"四字，足见谭嗣同对北行的期待。

有人会说，谭嗣同的期待未必在改革，"意覆其首都以号召天下"不也需要北上来进行么？我们继续往后看。彼时京汉铁路尚未开通，谭嗣同北上路线相当曲折：从湖南到湖北，乘船东下到江苏南京，去两江总督府领取咨文（他是江苏候补知府，属两江总督治下），再到上海，从水路到天津，再到北京。不料他刚到湖北，便大病一场，几不能行。六月十二日（7月30日），急不可待的光绪发上谕催促道："湖南盐法长宝道黄遵宪、江苏候补知府谭嗣同，前经谕令该督抚送部引见，著刘坤一、张之洞、陈宝箴即行饬令二员，迅速来京，毋稍延迟，钦此。"谭嗣同无奈，只得抱病北上，"此生犹赘，当力疾一行"，大有舍身之概。六月十三日（7月31日）给妻子写信云："总理衙门有文书（系奉旨，又有电报）来，催我入都引见，可见需人甚急。虽不值钱之候补官，亦珍贵如此！圣恩高厚，盖可见矣。"连"圣恩高厚"都喊了出来，此刻之谭嗣同，转向"变之自上者"，再无疑义。

谭嗣同于七月初五日（8月21日）抵京，七月十一日（8月27日）给妻子写信云："朝廷毅然变法，国事大有可为。我因此益加奋勉，不欲自暇自逸。幸体气尚好，精神极健，一切可以放心。此后太忙，万难常写家信，请勿挂念。"就他与妻子的通信而言，似是绝笔。从这封信来看，他对改革不仅乐观，而且投入。只是他却不知，此时距离他的生命之终止，仅有一月光阴。

这番钩沉，败坏了谭嗣同的英雄形象么？我却以为，相比被虚化的谭嗣同，真实的谭嗣同更为重要，更有价值。须知革命途中，有过纠结，有过妥协，有过转向，远远谈不上什么耻辱。一来政治家讲究经权并用（所谓守经而不知从权，谓之腐儒，从权而不知守经，谓之妄人），通晓权变，顺势而为，与时俱进（退），乃是政治生活的本色；二来在改革与革命之间周旋、徘徊、左右摇摆，抑或千回百转，乃是转型时代的常态——这方面的显著代表，还不是康有为和谭嗣同，而是梁启超。何况,谭嗣同进京不久,发现改革一无可冀,毫不迟疑,立马回归革命路线,发电召毕永年、唐才常等带人进京(赵必振《毕松甫先生传略》写谭嗣同进京之后,"俄而永年受嗣同之密约,将率勇士以诛奸暴",按毕永年《诡谋直纪》,其抵京在七月二十七日;八月初一日,谭嗣同发电请唐才常进京),策划兵变(胡思敬《戊戌履霜录》云:"有为谋召外兵,实嗣同阴为之主。"张伯驹《续洪宪纪事诗补注》也说,戊戌变法末期,光绪召袁世凯进京,大加提拔,力图笼络,出自谭嗣同之谋),垂死一搏,最终临难不避,杀身成仁,更显革命气节。他的泰然赴死,素来是一个开放性议题,改革者可以说他为改革而死,革命者可以说他为革命而死,相比这一争端,有一点事实不容否认:在他头颅凋零的地方,殉葬的是改革,孕育的则是革命。

十、谭嗣同之死

　　谭嗣同的死亡,也许是中国近代史上最著名的一例死亡,在同仁的纪念与后世的追怀之下,渐渐成其为一种仪式、一个圣典。譬如就义现场,涂抹了种种瑰丽的色彩,赋予了种种深沉的价值。梁启超写道:"就义之日,观者万人,君慷慨神气不少变。时军机大臣刚毅监斩,君呼刚前曰:'吾有一言……'刚去不听,乃从容就戮。呜呼,烈矣!"(梁启超《谭嗣同传》)谭延闿写道:"临刑神采扬扬,刃颈不殊,就地上劚之三数,头始落,其不恐怖,真也!"(谭延闿《跋语四则》)谭训聪写道:"吾闻公殉国难时,流血最多,热气腾腾然。刘公光第则渍白血,人见白血冲出,群为冤。"(谭训聪《清谭复生先生嗣同年谱》)一个比一个壮烈,一个比一个传奇。事实上这三位作者都不在历史现场菜市口,其记述,或者源自传闻,或者源自想象。就此而言,谭嗣同的死亡呈现了巨大的开放性,是葬礼,也是生机,是终结,也是开端,他死在了刽子手的刀下,而活在梁启超们的笔下,消失的只是物理生命,其历史生命则永生。

关于谭嗣同死亡及其前奏的书写,最经典的文本当数梁启超《谭嗣同传》。其中两个论断,常为后人引用。一是谭嗣同向梁启超解释何以宁死不逃:"不有行者,无以图将来;不有死者,无以酬圣主。今南海之生死未可卜,程婴、杵臼,月照、西乡,吾与足下分任之。"二是谭嗣同向日本志士解释何以流血牺牲:"各国变法,无不从流血而成。今中国未闻有因变法而流血者,此国之所以不昌也。有之,请自嗣同始!"这两段话,正涉及谭嗣同的晚节或归宿:他究竟为什么而死?

我们说过,梁启超所记载的谭嗣同之言,有传闻和想象的成分,反映的是他的价值观,未必是谭嗣同的价值观;所服务的是他的政治事业,而非历史真相。他说"不有死者,无以酬圣主",圣主即光绪,暗示谭嗣同为报答光绪的知遇之恩而死,从而为保皇大业未雨绸缪。这则引起巨大争议。因为谭嗣同《仁学》曾谈及古代的死节,言之凿凿:"止有死事的道理,决无死君的道理。"一个激烈反对君主专制的人,一个呐喊"一姓之兴亡,渺渺乎小哉"的人,怎么会为圣主效死呢?

有人要说:谭嗣同不是转向改革了吗,不是在高呼"圣恩高厚"吗?这是事实,不过仅限于应征北上途中。他担任军机章京不久,便发现改革不可行,立即回归革命,此时此刻,"圣恩"必将大打折扣。据张荫桓回忆,政变之后,他与谭嗣同等同监,处斩那天,"监中提杨深秀、杨锐、林旭、谭嗣同、刘光第、康广仁等六人出,有肆口骂詈者,谭嗣同语尤悖戾",

想必有些大逆不道之语，这也是革命本色。当然，谭嗣同在光绪不知情的前提之下，策划围园杀后，败不旋踵，可能危及光绪的皇位，从而深深负疚，可谓人之常情。这是他宁死不逃的缘由之一，只是不必归结于"死君"。他的态度是愧，而非忠。

说到底，事败而死，用一死为失败负责，乃是典型的"死事"。对于光绪的感情，亦在"死事"之内。如左舜生所言："自然，自然，他这是死事，而不是普通所谓尽节或尽忠。可是即律以古代的所谓君臣之义，他还不是到了最大的可能吗？……政变中康梁出走与嗣同死。康梁出走是嗣同所赞成的，他自己可走而不走，便是任侠精神的发挥，也是湖南人性格的表现！他觉得：如果维新派的首领一人也不死，只让一个孤苦伶仃的光绪帝独当其冲，这不是与人共患难的一种态度；同时维新一幕在历史上的地位也将大大的贬值，对后人更不能发生一种有力的感召作用；于是乎嗣同死矣！"（左舜生《谭嗣同评传》）此论可谓"了解之同情"，足慰谭嗣同苦心。其中对任侠精神的诠释，我也十分赞同。

相比梁启超的记载，还有一种修正的声音。民国初年，黄鸿寿编《清史纪事本末》，写谭嗣同宁死不逃一节，大抵袭自梁启超，不过那句话被记作"不有行者，无以图将来；不有死者，无以召后起"；谭嗣同的孙女谭吟瑞《记祖父嗣同公二三事》一文记作"不有行者，无以图将来；不有死者，无以召后启"。"后起"与"后启"，似可通假，替代"酬圣主"，立意则为之一变，更契合谭嗣同的思想与情怀。而且要注意，这句话讲究对仗,与"图将来"相对,"召后起"明显胜于"酬圣主"。

再说梁启超的第二个论断,即强调谭嗣同为变法流血。这也未必是谭嗣同本意。据《许姬传七十年见闻录》(许姬传是徐致靖的外孙),谭嗣同被捕前一天,到徐致靖家吃饭,徐致靖问他作何打算,他用筷子在头上敲了一下道:"小侄已经预备好这个了。变法、革命,都要流血,中国就从谭某开始。"如其所述,谭嗣同的流血,不仅为变法,还可能为革命。另如梁启超的弟弟梁启勋记载,谭嗣同说"世界史先例,政体转变,无不流血……",所谓政体转变的方式,亦非变法一种。

梁启勋曾回忆谭嗣同与梁启超诀别的场景,在日本使馆,谭嗣同列举了四点宁死不逃的原因:"一、大概往后十年八年,国内没有我们的立足之地。逃亡的话,我既不会讲英语,又不会讲粤语,而华侨多是广东人,我的一切活动能力都会消失,成为废料。二、我父亲在官,我跑了,一定株连家属。三、我有肺病,寿命不会很长了。四、世界史先例,政体转变,无不流血,让我来做个领头人吧。你该逃生,我则待死。"(《谭嗣同研究资料汇编》)这番话,应出自梁启超转述,可视为准一手史料,其价值,不仅在全面(我们论谭嗣同之死,常纠结于某一个原因,实则完全可以有好几个原因),而且合乎情理。

此前我们往往忽略了谭嗣同的个人尤其身体因素。他好任侠,善剑术,不过体质不佳,幼时重病(白喉病),"短死三日,仍更苏",由此得字"复生"。前面提到,他应征北上之时,曾在武汉大病一场,"晦气满面,又内伤症已见,干咳不能寐,肝气横烈",不得不在父亲的巡抚衙门休养十余日,后因光绪电旨催促,只能不顾病体,毅然北行。抵京之后,病情加剧,毕永年《诡谋直纪》写八月初一日(9月16日)见谭嗣同,有"谭又病剧,不能久谈而出"之语,谭嗣同致毕永年信,亦有"因病不及送,见面徒增伤感"之语。从这些细节可知戊戌政变前后,谭嗣同犹在病中。他的病,据说是肺结核,这在当时是不治之症。故而他选择一死,应有身体考量。

梁启勋说的第二点,可谓家庭考量。谭嗣同死后,其师刘人熙曾有哀诗云:"谭生意气横天下,不忍遁逃累老亲。他日千秋传世笔,董狐良史要分明。"意在提醒后人,谭嗣同之所以不逃,原因是不愿连累其父谭继洵。其实哪怕谭嗣同不逃,依然可能危及老父及家族,谋反毕竟是古代第一大罪,株连甚广。是以谭嗣同在被捕之前,曾特地伪造家书,一说他模仿谭继洵笔迹,赶制了七封父亲痛斥儿子大逆不道的书信,一说"被捕时,正在作家书答其父谭继洵,盖为开脱其父罪责……"(可对照前引胡思敬语"嗣同报父书,言老夫昏耄,不足与谋天下事"),窃以为后者更可信。另据刘善涵《谭壮飞狱中题壁诗》,谭嗣同在被捕前夕,"……于是捡数月来朋友函札悉焚之,独留其父督责一书,置于箱箧,缇骑搜获以闻,太后怒稍霁,谓群臣曰:'湖北巡抚谭继洵,原非平日不训饬儿子者。'"。这正是谭嗣同追求的效果。

抛开这两点,再说谭嗣同死事。这个事,到底是什么事业，什么理念，什么信仰？此刻我们反观那句"不有行者，无以图将来；不有死者，无以召后起"，他期望的后起，指向改革还是革命呢？我倾向于后者。可以说他为改革而死，这是对失败的一个总结，对过往的一个交代；然而他所试图召唤的东西，则是革命。须知他的内心，本来向往革命，只是出于权变与妥协，并未把这条路坚持到底，因此他的一死，正有些忏悔与自证的意思。关于这段心史，最精彩的发掘，应是李敖小说《北京法源寺》，书中虚构了谭嗣同告诫从南方而来劝他逃亡的革命党人的一段话：

> 我错了，我的路线错了，我谭嗣同的想法错了，我完全承认我的错误。不但承认我的错误，我还要对我的错误负责任，我愿意一死，用一死表明心迹、用一死证明我的错和你们的对、用一死提醒世人和中国人：对一个病入膏肓的腐败政权，与它谈改良是"与虎谋皮"的、是行不通的。我愿意用我的横尸，来证明这腐败政权如何横行；我愿用我的一死，提醒人们此路不通，从今以后，大家要死心塌地，去走革命的路线，不要妄想与腐败政权谈改良。我决心一死来证明上面所说的一切。

这正是为什么，我们要说谭嗣同的死既是葬礼，也是生机，既是终结，也是开端。在他求仁得仁、快哉快哉的那一刻，改革的时代结束了，革命的时代开始了。

十一、梁启超的转向：在改革与革命之间

谈论梁启超与戊戌变法的关系，可从我的一点疑惑说起。徐致靖举荐康有为、梁启超等五人后三日，光绪召见康有为，"工部主事康有为著在总理各国事务衙门章京上行走"。二十天后，即光绪二十四年五月十五日（1898年7月3日），在颐和园召见梁启超，"举人梁启超著赏给六品衔，办理译书局事务"。关于觐见光绪的具体情形，梁启超《戊戌政变记》《三十自述》等并无详述，只是略记一两笔："梁启超以是日召见，上命进呈所著《变法通议》，大加奖厉……""……被召见，命办大学堂译书局事务。"

我的疑惑正在于此。被光绪召见，对青年梁启超而言，自然是头等大事，无上荣耀，以他激昂的性格和煽情的笔法，这等事，必将在文中、书中大张其词，大肆渲染，而非轻描淡写，一笔带过。殊不料结果竟是后者，看来背后必有玄机。据《许姬传七十年见闻录》："梁启超被荐入京后，光绪召见一次，按清代习惯，举人召见后，有赐翰林或内阁中书的例子。当

时，梁的名气已很大，有时口头康梁并称，但召见后，只赏六品顶戴。"倘依此说，原来梁启超不满于政治待遇，多少有些怨气。那么他何以只得到六品顶戴呢？许姬传的堂舅、时任翰林院编修的徐仁镜解释道："任公（梁启超）广东乡音很重，光绪听不清他的话，又怕慈禧的爪牙窃听，不便反复询问，故不得重用。"王照亦云："清朝故事，举人召见，即得赐入翰林，最下亦不失为内阁中书。是时梁氏之名，赫赫在人耳目，皆拟议必蒙异数。及召见后，仅赐六品顶戴，是仍以报馆主笔为本位，未得通籍也。传闻因梁氏不习京语，召对时口音差池，彼此不能达意，景皇（光绪）不快而罢。"（王照《复江翊云兼谢丁文江书》）

梁启超的遭遇，并非特例，名列戊戌六君子的林旭面圣之时，也曾受阻于方言。《清史稿·林旭传》云："……俄以奏保人才召见，操土语，上不尽解。退缮摺，上称善，遂命与谭嗣同等同参机务，诏谕多旭起草。"林旭是福建侯官（福州）人，他的土语，即福州方言，属闽语，与光绪熟悉的京腔完全是两种语系，故而"上不尽解"。好在随之峰回路转，林旭退朝之后，起草奏折，诉诸文字，显示了其才学和政见，从而得到重用——林旭出自荣禄幕府，论政见则属康有为一党，梁启超《林旭传》称："君退朝具折奏上，折中称述师说甚详。皇上既知为康某之弟子，因信任之……"——联系林旭的结局，难说这是好事还是坏事，只能感叹福祸相依。

我有一位朋友，疑惑更甚。他查《清史稿》《清实录》《光绪朝东华录》等,并未发现光绪召见梁启超的记载,以此判断梁启超撒谎。我曾帮他补充一例:五月十七日(7月5日)梁启超曾致信夏曾佑,称"仆之久不察看"(《与碎佛书》),假如两天前他见到了光绪,何必再发牢骚呢?

叙事至此,只能存疑。不过我的用意,不在追根究底,而是借此来谈梁启超在戊戌变法期间的角色与地位。如许姬传所言,当时康梁齐名,响彻海内,然而论实际作用,二人显然不在一个档次。对于戊戌变法,梁启超的作用更多表现在造势阶段,如任《时务报》主笔、长沙时务学堂总教习等,其时他作为喉舌,已经展现了一笔可挡百万军的气概。等到变法开幕,他则沦为康有为、谭嗣同——在康有为一派或康党当中,康有为是大脑,谭嗣同是手臂——的跟班或走卒,徘徊于决策圈的边缘,连光绪都不怎么待见他,只赏了六品顶戴。这背后,除了资历,则在梁启超"太无成见"(中年以前都是如此),其思想严重受制于康有为,同为喉舌,康有为是吹鼓手,他则好比复读机。

作为复读机,梁启超对康有为,一向马首是瞻,亦步亦趋。戊戌年康有为从革命转向改革,能够领略其权变的只有谭嗣同一人。梁启超领略不了,却不妨碍他紧追不舍。年初他在湖南患病,"大病几死",只得离开时务学堂,到上海、北京就医。在开往上海的轮船之上,他与同志慷慨论国事:"吾国人不能舍身救国者,非以家累即以身累,我辈从此相约,非破家不能救国,非杀身不能成仁,目的以救国为第一义,同此义者皆为同志。吾辈不论成败是非，尽力做将去，万一失败，同志杀尽，只留自己一身，此志仍不可灭，仍须尽力进行。"这番豪言壮语，可与谭嗣同致欧阳中鹄信中云"平日互相劝勉者全在'杀身灭族'四字"一段并观，一般浩气凛然，一般勇猛精进。何以救国，唯有革命，否则何以言必称杀身呢。不料待他进京，康有为已经转向改革，他只好随之而动，康有为说什么，他便说什么，康有为干什么，他便干什么，康有为随时势而变，他则随康有为而变。要说转向，这也是转向之一种，只是缺乏自主性。

真正的转向，发生在戊戌年后。梁启超"自居东以来，广搜日本书而读之，若行山阴道上，应接不暇，脑质为之改易，思想言论与前者若出两人"。前者改革，今者革命。这一转向，恰与戊戌年路线相反。

话说康有为、梁启超逃亡日本之后，孙中山等革命党有意合作，托日本人宫崎寅藏、平山周等牵线，结果康有为不屑一顾，梁启超相当积极。按冯自由《革命逸史》所述，己亥年（1899年）夏秋之间，梁启超因与孙中山往还日密，渐渐赞成革命，其同学韩文举、欧榘甲、张智若、梁子刚等主张尤为激烈，遂有两派合并之声浪，哄传于东京横滨之间。参与者计划在两派合并之后，推孙中山为会长，梁启超为副会长。对此人事安排，梁启超问孙中山："如此则将置康先生为何地？"孙中山答："弟子为会长，为之师者，其地位岂不更尊。"

冯自由是亲历者，他记载的孙中山、梁启超对话实在妙不可言，几乎令二人心思跃然纸上："弟子为会长，为之师者，其地位岂不更尊。"这是哄孩子的把戏，尊者尊矣，只是一个空头名号，孙中山架空康有为的心思，不言而喻；更神奇的是梁启超的态度，"悦服"，即心悦诚服，他是什么心思，同样一目了然。

梁启超的转向，有两个要点。一是对革命的认同。改革失败而主张激进，投身革命，正契合政治逻辑。试看他在此间发表的文字，如《破坏主义》（光绪二十五年九月十一日，1899年10月15日）等，鼓吹"快刀断乱麻，一拳碎黄鹤，使百千万亿蠕蠕恋旧之徒，瞠目结舌，一旦尽丧其根据之地，虽欲恋而无可恋，然后驱之以上进步之途，与天下万国驰骤于大剧场"，其倾向革命，毫无疑义。章太炎《驳康有为论革命书》亦称康有为的弟子"多言革命者"，可作佐证。二是他与康有为之间渐生分歧，遂有独树一帜、独立门户之想。光绪二十五年三月二十四日（1899年5月3日），他致信妻子李蕙仙，称"金山人极仰慕我，过于（康）先生"，这说明他已经拥有了对抗康有为的声望；六月，他和韩文举、欧榘甲等共十二人——这帮人大都倾向革命——结义于日本江之岛金龟楼，这属于"党内结派"，由此，对抗康有为的人力，初具雏形。与孙中山谈合作不久，他联合一帮同志，致书康有为："国事败坏至此，非庶政公开，改造共和政体，不能挽救危局。今上（指光绪）贤明，举国共悉，将来革命成功之日，倘民心爱戴，亦可举为总统。吾师春秋已高，大可息影林泉，自娱晚景，启超等自当继往开来,以报师恩。"(冯自由《革命逸史》第二集)签名者共梁启超、梁子刚、韩文举、欧榘甲、陈侣笙、黄为之、唐才常等十三人,号称"十三太保"。这十三人中,十个是江之岛金龟楼的结义兄弟。

可是,年未而立的梁启超,哪里斗得过康有为呢?由于徐勤、麦孟华告密,康有为洞悉到梁启超与孙中山暗中勾兑的计划,勃然大怒,立即派人赴日,拿了一笔钱给梁启超,让他到美国办理保皇会事务,不许稽延。合作由此横生变故,最终功败垂成。

与革命派的合作固然失败,梁启超辗转于改革与革命之间的心态依旧值得琢磨。到美国之后,他给孙中山写信,试图寻觅"调停之善法"。那段时间,"其保守性与进取性常交战于胸中,随感情而发,所执往往前后自相矛盾"。其矛盾心理恰恰是一幕痛苦而生动的时代投影。对此,张朋园分析道:"名为保皇,那是因为他无法正面与康南海决裂,不得不以保皇之名敷衍他;实则革命,倒真正是他的内心所思所欲。我们读他在壬寅年(1902年)前后的许多信件,便可以了解当时的他,实是想革命,绝无欺骗中山先生之意。"(张朋园《梁启超与清季革命》)

如张朋园所云,被康有为强行拉回改革阵营的梁启超,内心并未放弃革命。光绪二十九年三月十八日(1903年4月15日),他致信徐勤,翻起旧账,谈到三年前放弃革命,只是为了"迫于救长者之病",长者即康有为,实际上,"今每见新闻，辄勃勃欲动，弟深信中国之万不能不革命，今怀此志，转益深矣"。(《梁启超年谱长编》)徐勤以保守或"反革命"著称，"最与中山水火"(章太炎语)，却也不得不承认时代已经被革命的潮流所席卷："今日各埠之稍聪明者，无一人不言革命，即现在同门同志，同办事之人，亦无一人不如是。即使强制之，口虽不言，而心亦终不以为然也。至于东中、米中游学诸生，更无论矣。盖民智渐开，止之无可止。"(徐勤《致康有为书》))——作为改革派中坚，梁启超的纠结与徐勤的感慨，愈发可见革命的不可阻挡，这正适用于前文的结论：改革的时代结束了，革命的时代开始了。

十二、唐才常之死

光绪二十四年八月初九日（1898年9月24日），谭嗣同被捕于浏阳会馆，四天后就义于菜市口。囚禁期间，他写了一首诗，题于监狱墙壁之上，故名"狱中题壁"。此诗共计三个版本，第一出自黄彰健的考证："望门投趾怜张俭，直谏陈书愧杜根。手掷欧刀仰天笑，留将公罪后人论。"第二出自《唐烜日记》："望门投宿邻张俭，忍死须臾待树根。吾自横刀仰天笑，去留肝胆两昆仑。"（八月二十五日闻自同司朱君，评语云："崛强鸷忍之概，溢于廿八字中。"）第三出自梁启超《谭嗣同传》，也是迄今为止流布最广的版本："望门投止思张俭，忍死须臾待杜根。我自横刀向天笑，去留肝胆两昆仑。"这三者，应以中者最可信，毕竟在刑部工作的唐烜距离历史现场最近。同时我们也得承认，排除误记、误传之可能，梁启超虽改了五个字，却使谭诗气魄更胜一筹，不愧大手笔。

此诗前三句梁启超均有改动，最后一句原封不动，因为改无可改。这句诗随之构成了中国近代史上的一大谜题："两昆仑"到底何所指？据统计，不下七种说法。其一认为指谭嗣同和唐才常。证据是，谭嗣同应征北上，唐才常设宴饯行，酒酣之际，谭嗣同口占一绝，有"三户亡秦缘敌忾，勋成犁扫两昆仑"之句，堪为三个月后狱中题壁诗之伏笔。不得不说，这是相当有力的论证。由此再看"去留"：彼时谭嗣同北上京师，唐才常留守湖南，一去一留；此时谭嗣同选择赴死以酬过去，唐才常作为生者以图将来，同样一去一留。

湖南是谭嗣同、唐才常的家乡和基地，经营多年，自然不可能撒手。加之谭嗣同对于北上参与改革，心底不无犹疑，留唐才常在老巢，可视为后手。不过计划赶不上变化。谭嗣同到京没几天，发现光绪无权，改革难行，于是先召毕永年，后约唐才常，请他们"偕同志来京相助"。其目的，则在武力夺权，围园杀后。他游说袁世凯的时候，曾号称"我雇有好汉数十人，并电湖南招集好将多人，不日可到"，"并电湖南招集好将多人"一语，即指唐才常而言。难说幸与不幸，唐才常行至湖北武汉，与哥老会首领商量之际，听闻变法失败、谭嗣同喋血菜市口的噩耗，只得驻足。满腔悲愤，化作一副挽联：

> 与我公别几许时，忽警电飞来，忍不携二十年刎颈交，同赴泉台，漫赢将去楚孤臣，箫声呜咽；
> 近至尊刚十余日，被群阴构死，甘永抛四百兆为奴种，长埋地狱，只留得扶桑三杰，剑气摩空。

这七十二字，实可谓一字一泪，一字一恨。此中深情，正不负二人的生死之交。谭嗣同说过："二十年刎颈交，绂丞（唐才常字）一人而已。"唐才常眼中的谭嗣同，亦复如是。

自此唐才常一心一意以复仇为念，如其诗云："七尺微躯酬故友，一腔热血溅荒丘。"他曾嘱咐三弟唐才质处理家事："来往信札，有关时事者，皆付丙丁，惟壮飞之书宜留。"丙丁者，火也，把平日书信付之一炬，以绝后患，足见其决绝之情；壮飞是谭嗣同的号，唯独留下谭嗣同的信，足见其深挚之情。

此后近两年，唐才常奔波于两湖、上海、香港，以及新加坡、日本各处，为筹划起义沐风栉雨、摩顶放踵。吊诡的是，谭嗣同生命最后一段时光，纠结于革命与改革之间，唐才常竟也陷入同一困境。区别在于，谭嗣同的问题出在政治理念的飘摇，曾一度因光绪召唤而转向改革，唐才常则始终坚守革命理念（此间赵必振曾追随唐才常，筹备自立军起义，称"其意则实在革命也"），令他头疼的乃是政治派系斗争。从派系上讲，他是康有为一党，尽管此时康有为并未放弃革命路线，不过其革命目的之一，在于使光绪复位，是谓"勤王"，这样的革命显然不够彻底；对于勤王招牌，孙中山等革命党毫不感冒，他们一来主张排满，二来反对帝制，基于这两点，必然与光绪为敌。当时唐才常试图把康、孙两派凝聚起来，勠力一心，发动起义，然而两派之间存在不可调和的冲突，纵使他尽心竭力，终究无果，相反，恰是两派日渐分裂，构成了自立军起义失败的一大根源。

试举两例。光绪二十五年（1899年）冬，唐才常在上海发起自立会，手订章程，序文之中，既有"君臣之义，如何能废"之言，亦有"非我种类，其心必异"之语，前者保皇而后者排满，实在自相矛盾。唐才常未必不知其矛盾，可是他要周旋于康、孙两派之间，不得不两边兼顾，左右敷衍。对此，毕永年大加反对，劝唐才常与康有为断绝关系，唐才常自有他的考量（如与康有为的师生之谊、要利用保皇会筹款等），坚决不从，二人激辩一昼夜，谁也不能说服谁，以致毕永年无比失望，痛哭而去，随后削发为僧，不知所踪。毕永年与会党关系极深，他的出走，等于断唐才常一臂。

光绪二十六年（1900年）夏，趁义和团运动在北方甚嚣尘上之际，唐才常联络容闳、严复、章太炎、文廷式等名流，在上海发起中国国会，选举容闳为会长，严复为副会长。国会宗旨，一是"不认满洲政府有统治清国之权"，二来请光绪复位，"立二十世纪最文明之政治模范，以立宪自由之政治权与之人民"，这还是自相矛盾。此时跳出来反对的是章太炎，然而他也无法说服纠结于两难之间的唐才常，最终气愤至极，当场剪发易服，退出国会，并宣布与唐才常绝交。

如此可知，自立军起义之前，其力量并非不断壮大，而是一再分化。除了毕永年、章太炎，如吴禄贞这样的革命党人，同样不满于勤王口号，在起义前夕愤然出走。再加上康有为财政支援不力、通讯不畅等因素，所筹划的自立军七军起义，只有秦力山主持的前军在安徽大通准时举事，余者大都胎死腹中，唐才常、林圭等纷纷被捕，殉难者数以百计。

相传唐才常本有机会逃亡，却愿效仿谭嗣同，坐以待捕，"予早已誓为国死"。被抓出门之时，"面无惧色，仍时与其同志谈笑自若"；夜过长江，仰望星空，感慨"好星光"——其慷慨与从容，简直与谭嗣同如出一辙。入狱之后，张之洞特派郑孝胥去审问，他答道："此才常所为，勤王事，酬死友，今请速杀！"其供状仅二十一字："湖南丁酉拔贡唐才常，为救皇上复权，机事不密请死。"光绪二十六年七月二十八日（1900年8月22日）夜二更，他被处死于武昌紫阳湖畔天府庙旁。"就义之时，神色不变，慷慨如平生，临绝大呼天不成吾事者再。"这不由令人想起谭嗣同的临终壮语："有心杀贼，无力回天。死得其所，快哉快哉！"同心若此，相期无负平生。

唐才常被关押在汉口巡防营之时，曾口占七绝两首："新亭鬼哭月昏黄，我欲高歌学楚狂。莫谓秋声太肃杀，风吹枷锁满城香。""徒劳口舌难为我，大好头颅付与谁？慷慨临刑真快事，英雄结局总如斯。"——他可以慷慨激昂，我们却不得不掩卷深思：自立军起义何以失败，唐才常结局何以悲剧？而今有一种说法，归罪于康有为，认为他克扣革命经费，导致起义一再迁延，满盘皆输。然而，不妨推想，假使康有为将百万募款全部寄给唐才常，起义一定会成功么？只怕没有人敢于肯定回答，说到底，起义失败的重大原因，一是革命大势不成（赵必振《唐佛尘先生传略》云："……是时民智未开，非但民主非群众所能解，即种族主义，亦以满清统治既久，汉族久已相忘，视种种不平等之待遇，习以为当然"），二是革命力量不足（当时起义之领袖是革命党，主力则是哥老会、大刀会等会党分子，这些人，一来散漫，二来功利，只可为辅而不能为主，无法担当重任），就连唐才常，都不甘舍弃"勤王事"的招牌，而徘徊于革命与改革之间。就此而言，他与谭嗣同一样，与其说为革命而死，不如说为不够革命而死。

补记：

关于唐才常及自立会周旋于改革与革命之间，赵必振《自立会纪实史料》另有一说：因当时政治风气与民智未开，自立会不得不借尊君之论，以吸收多数之民众，同时担心其名不正而不能见谅于后世，所以通告友邦之时则有借尊皇权以伸民权之语，"当时对内则以改君主为民主相鼓励，而对一般愚人则又以保皇复辟等语以引其入我范围，徐徐再以民主之说开其智识。此乃当时不得已之苦心"。

十三、戊戌六君子排名政治学

平时说起戊戌六君子，打头的往往是谭嗣同。不过当时官方排名并非如此。据《清实录》，光绪二十四年八月十三日（1898年9月28日），"谕军机大臣等：康广仁、杨深秀、杨锐、林旭、谭嗣同、刘光第等，大逆不道，著即处斩，派刚毅监视，步军统领衙门派兵弹压"。八月十四日（9月29日）诏书历数康有为、梁启超等滔天罪过，随后称："康有为之弟康广仁及御史杨深秀、军机章京谭嗣同、林旭、杨锐、刘光第等，实系与康有为结党，阴图煽惑……是以未俟覆奏，于昨日谕令将该犯等即行正法。"须知中国政治，一向讲究座次、排名，谁坐上首，谁排第一，此中有深意存焉。在朝廷眼里，何以把康广仁排第一，杨深秀排第二，谭嗣同排第三或第五呢，这背后的故事，有待一一分解。

戊戌政变爆发于八月初六日（9月21日）。这一天，光绪皇帝发布上谕，请慈禧太后训政，同时，"谕军机大臣等：工部候补主事康有为，结党营私，莠言乱政，屡经被人参奏，著革职,并其弟康广仁,均著步军统领衙门拿交刑部,按律治罪"。请注意,政变之初,朝廷要抓的只有康有为和康广仁,三天后才陆续逮捕谭嗣同等人,"谕军机大臣等:张荫桓、徐致靖、杨深秀、杨锐、林旭、谭嗣同、刘光第,均著先行革职,交步军统领衙门拏解刑部治罪"。这中间,有一关键人物:袁世凯。慈禧发动政变之时,尚且不知康有为、谭嗣同针对她的围园杀后(即八月十四日诏书所云"纠约乱党谋围颐和园劫制皇太后")之阴谋,待袁世凯向荣禄告密,荣禄再向她禀报,这才把六君子一网打尽。

当六君子尽数入狱,再说排名。康广仁排第一,其实不难解释:在慈禧看来,戊戌变法的罪魁祸首,无疑是康有为,康有为跑掉了,只好拿其弟康广仁顶罪,何况康广仁也是戊戌变法的参与者。可为佐证的是,康广仁入狱之后,以头撞壁,痛哭失声道:"天哪!哥子的事,要兄弟来承当。"(此系看守六君子的狱卒刘一鸣告诉汪精卫,汪精卫转述于黄濬,见黄濬《花随人圣庵摭忆》之"北京狱卒谈数十年来狱事"。)他也明白,自己在扮演替罪羊的角色。话说康广仁的政见,本属维新派中渐进一系,与其兄的激进还有一段漫长的距离。论对戊戌变法的参与度,他的作用,好比打酱油。就此而言,六君子中,他是相对冤枉的一个。

康广仁之后是杨深秀。置身于六君子中,杨深秀似乎有些不伦不类,他身前是康有为的弟弟,身后是光绪亲自提拔的军机四章京,那么他算什么呢,到底干了什么事,以致排名如此靠前？《清史稿·杨深秀传》云："八月，政变，举朝惴惴，惧大诛至，独深秀抗疏请太后归政。方疏未上时，其子黻田苦口谏止，深秀厉声叱之退。俄被逮，论弃市。"大意是，当慈禧重出江湖，杨深秀上书请她隐退，把政权还给皇帝，由此触怒当道，惨遭杀头。这一说法，源自康有为、梁启超师徒，康有为《六哀诗》写杨深秀，有"抗章请撤帘，碧血飞喷薄"之句，梁启超《杨深秀传》云："至八月初六日，垂帘之伪命既下，党案已发，京师人人惊悚，志士或捕或匿，奸焰昌披，莫敢撄其锋，君独抗疏诘问皇上被废之故，援引古义，切陈国难，请西后撤帘归政，遂就缚。"问题在于，孔祥吉翻遍清宫档案，并未找到杨深秀"请撤帘"的"抗章"，缺乏证据，只能存疑。

与谭嗣同一样，杨深秀也曾在狱中题诗于壁，其中云："久拼生死一毛轻，臣罪偏由积毁成。"他认为自己被捕，源于"积毁"，众口铄金，积毁销骨，这是一个日积月累的过程，正如《清史稿》所云："深秀性鲠直，尝面折人过，以此丛忌。"《唐烜日记》也说，杨深秀"唯性情迂执，与朋友多落落寡合"（光绪二十四年八月初十日，1898年9月25日）。倘若他曾"抗章请撤帘"，可谓忠肝义胆，光明正大，自可入诗，何必归罪于"积毁"呢？

这里需要简单介绍一下杨深秀。戊戌变法期间，其人官居山东道监察御史，论政见，属于维新派中激进一系，与康有为同志，平时往还甚密——张权致其父张之洞信中曾谈到杨深秀、宋伯鲁"与康最密"（光绪二十四年六月十二日，1898年7月30日）。他激进到什么程度呢？试举一例。戊戌年春，文悌参劾康有为，提到杨深秀受康有为蛊惑，"竟告奴才以万不敢出口之言"，所谓"万不敢出口之言"，自然十分大逆不道。据胡思敬《戊戌履霜录》，杨深秀与文悌晚上值班，谈论宫中隐秘，慨然道："八旗宗室中，如有徐敬业其人，我则为骆丞矣！"他以骆宾王自比，视慈禧为武则天，呼吁八旗宗室中人效仿徐敬业举兵勤王，其反意昭然若揭。有人劝他韬光养晦，他则悍然答道："本朝气数已一息奄奄待尽，尚能诛谏官乎？"另据张权书信，称"康又令杨向文言，令其觅一带兵之都统，借兵八千，围颐和园，劫两宫，要以变法""在户部署中闻多人皆如此说"。又如《石遗先生年谱》（陈声暨、王真编，石遗是陈衍的号）记戊戌年事，有"深秀以常言得三千杆毛瑟枪围颐和园有余也"之语。这些说法，来源各异，并置一处，正可互证。

与此相应，政变前夜，即八月初五日（9月20日），杨深秀上《时局艰危拼瓦合以救瓦裂折》，附《请探查窖藏金银处所鸠工掘发以济练兵急需片》。其内容，《申报》归纳为"圆明园有金窖甚多，请准募三百人，于初八入内挖取"，判定其"实则与康有为、谭嗣同诸犯同一逆谋也"，所谓逆谋，即围园杀后。今查附片，并未言及"三百人"云云，不过孔祥吉认为，此片由康有为代笔，结合康有为自编年谱云八月初四日夜"……令诸公多觅人上折，令请调袁军入京勤王"，当知《申报》的推断并无问题，这一附片应是围园杀后之阴谋的要素之一。彼时彼刻，慈禧等人显然不知其原作者是康有为，只能降罪于杨深秀，从而导致他在六君子中排名第二。

杨深秀之后，再说谭嗣同。作为康党二号人物、围园杀后之阴谋的主使者，谭嗣同的排名本该第一或第二，何以位居杨深秀之后呢，甚至有一次被排到区区第五位？窃以为这里有两个因素需要注意。一是慈禧把军机四章京视作一体，不便将谭嗣同单独拎出来，二则关乎对六君子的"不审而诛"。何谓不审而诛？正如刑部司官出身的刘光第所质疑的那样："未提审，未定罪，即杀头耶？何昏愦乃尔。"此举大违清朝律法，当时如王文韶、陈夔龙、唐烜等大小官员都感到错愕、疑讶。故而八月十四日诏书特地提及这一节，列出的原因是"旋有人奏，若稽时日，恐有中变"——此处之中变，应有两说，一是担心列强干预（事实上，英国、日本已经出手干涉，致使"与康有为往来最密"的张荫桓被另案处理），这是慈禧的最大顾虑；二是担心康有为党羽闹事，据《唐烜日记》，荣禄"密奏宜速行正法，恐逆党众多，事有中变，贻祸不测"（光绪二十四年八月十九日，1898年10月4日）。此外还有一个理由，如陈夔龙《梦蕉亭杂记》所云，"……并谓一经审问，恐诸人有意牵连，至不能为尊者讳，是以办理如此之速"，此处之尊者当指光绪；时在刑部供职的乔树枏也说："……如果提审，许多事都牵涉到皇上。"为了保全光绪，使皇帝、太后之间的矛盾不至过分激化，这才快刀斩乱麻，速杀六君子。由于未经审讯，未曾穷究真相，谭嗣同的罪责不免被弱化，排名随之延后。不过，从八月十三日他排第五，十四日改作第三，还是能窥出一些端倪。

最后要分辨一点，六君子尤其军机四章京并非一体。论政见，以及与康有为的关系，谭嗣同和林旭的确都是康党；基于兄弟亲缘，康广仁亦难摆脱康党之嫌，哪怕二人政见不同；杨深秀即便不在康党的决策圈，起码也是康有为最信任的干将之一。至于杨锐和刘光第，非但不是康党，反而对康有为不无成见或敌意。拿杨锐来说。从派系上讲，他是张之洞的人，张之洞与康有为一度合作，终而分道，在致梁鼎芬信中，直接以"贼"称康有为，足见厌恶之深。近朱者赤，作为张之洞得意弟子，杨锐对康有为一向不满。譬如保国会开会，康有为演讲俄罗斯问题，他偏偏当众假寐，以示不屑。担任军机章京之后，他与谭嗣同、林旭屡起争执，在致其弟杨悦信中抱怨道："……同列又甚不易处。刘与谭一班，兄与林一班。谭最党康有为，然在直尚称安静，林则随事都欲取巧，所答有甚不妥当者，兄强令改换三四次，积久恐渐不相能。"（光绪二十四年七月二十八日，1898年9月13日，宁志奇《杨锐家书暨杨聪墓志铭》）那边厢，在谭嗣同看来，杨锐跋扈，"媚旧党而排南海"。如此种种，可知杨锐与康有为的冲突之所在。基于此，政变爆发之后，张之洞四处发电，请王文韶等营救杨锐，电文云："杨叔峤锐端正谨饬，素恶康学，确非康党。平日议论，痛诋康谬者，不一而足……此次被逮，实系无辜受累……"这些固然都是实情,然而杨锐已经深陷政治旋涡,终免不了杀身之祸,与刘光第一道,沦为激变时代的祭品。

十四、戊戌第七君子

戊戌政变爆发之初,抓捕对象仅康有为、康广仁兄弟二人。后因袁世凯告密,围园杀后的阴谋传到慈禧耳中,导致政变加剧,抓捕名单扩大,补上了张荫桓、徐致靖、杨深秀、杨锐、林旭、谭嗣同、刘光第等七人。其中后五人,加上三天前被捕的康广仁,构成了喋血于菜市口的戊戌六君子;与他们一同落网的前二位大人,到底是何方神圣,与戊戌变法有什么关系,最终命运如何呢?

先说徐致靖。戊戌六君子之外,还有一个说法叫戊戌七君子。第七位君子,即徐致靖。有人甚至把他排在第一位,因为不管年龄、辈分,还是官职、资历,徐致靖都在六君子之上:他生于 1844 年,六君子中年纪最大的杨深秀,生于 1849 年;他与谭嗣同的父亲谭继洵同辈,谭嗣同在他面前常自称"小侄";他曾署理礼部右侍郎,堂堂二品大员,谭嗣同、杨锐等人则是四品官……

不过,徐致靖在戊戌变法期间所扮演的角色,似也不必高估。一些人推许其为"精神领袖",只怕空有精神,难言领袖。他是典型的士大夫,少受庭训,"治经学、史学之外,留心洋务及经世之学"——这是其外孙许姬传的记载,请注意措辞,对于洋务等,只是"留心"而已,对于经学、史学,则可言"治"——学问好之外,他还擅中医,通昆曲,论干才,却不见长。后来李鸿章为他求情,称他是书呆子,大体属实。照此说来,他这样的人,在当时应与翁同龢同道,至多是维新派中渐进一系,怎么和激进的康有为混到一起了呢?对此,康有为自编年谱有一段记载:"……徐君(徐致靖)廉静寡欲,无意仕宦,吾以开会,由金顶庙迁出上斜街,与徐宅相望,日夕过从。徐君老而好学,乃至请吾说《春秋》,侧座听之,近古所无也。"(康有为《我史》)原来他们一度是邻居。当然这只是表层因素,深层因素则在徐致靖的儿子徐仁铸、徐仁镜,侄子徐仁录等,他们都是新派人物,尤其徐仁铸,曾官居湖南学政,堪称湖南新政的领袖和中坚,此人极具才干,连李鸿章都对他青眼相待,他到李鸿章寄居的贤良寺去吃饭,可以排闼直入,不用通报。徐致靖的政见,受子侄熏染、裹挟,应是重因。

试举一例。政变之后,徐致靖被羁押于刑部监狱,徐仁铸紧急上折代父陈情,其中云:"臣父一生忠厚笃实,与康有为素不相知。臣去岁入湘以来,与康有为之门人梁启超晤谈,盛称其师之品行才学。臣一时昏聩,慕其虚名,谬谓可以为国宣力,当于家信内附具节略,禀恳臣父保荐。臣父溺于舐犊之爱，不及博访，遂以上陈。兹康有为获罪，臣父以牵连逮问，推原其故，皆臣妄听轻举之所致也。"（孔祥吉《康有为变法奏章辑考》）为了帮徐致靖脱罪，这番话遮遮掩掩、虚虚实实，如"臣父一生忠厚笃实，与康有为素不相知"一句，前半属实，后半作伪。光绪二十四年四月二十五日（1898年6月13日），徐致靖上折举荐康有为、黄遵宪、谭嗣同等五人，本是康有为草拟，可见二人交情，岂会素不相知；不过黄遵宪、谭嗣同榜上有名，也许正出自徐仁铸的"妄听轻举"。

鉴于与康有为、谭嗣同等人的亲密关系，被捕之时，徐致靖及其家人都以为必死，立即准备棺材。八月十三日（9月28日）六君子处斩，徐家人曾抬棺到菜市口刑场等候，不料白等一场。这背后，则是李鸿章在发力。原来徐致靖的父亲徐家杰，与李鸿章乃是同年，道光二十七年（1847年）二人一同参加会试，李鸿章因害疟疾不能把草稿誊清，徐家杰曾代为抄写，最终助李鸿章中二甲第十三名进士。有此一节故事，一向重情义的李鸿章对徐家杰的后人如徐致靖、徐仁铸等自然关照备至，当他听说徐致靖被捕的消息，便找荣禄说情，称徐致靖"是个书呆子，好唱昆曲，并不懂新政"，次日荣禄原话照搬，还举出一项有力证据：戊戌变法三个月间，光绪并未召见过徐致靖。慈禧令太监查档案，果然如此，于是徐致靖捡了一条命，从死刑改为无期徒刑（永远监禁）。

说罢徐致靖之生，再说张荫桓之死。张荫桓是广东南海人，与康有为同乡。按流行的说法，向光绪大力举荐康有为的乃是翁同龢，有"康有为才具胜臣十倍"之语，实则这是康有为、梁启超等故意摆布的迷魂阵，真正的幕后推手应是张荫桓。祁景颐《餰谷亭随笔》篇幅不长，分量却重，其中谈到张荫桓与当时朝局，有言："侍郎（张荫桓）禽热功名，又恃两宫俱有援系，于德宗（光绪）召见时，私有所陈，兼进新学书籍，如康南海之进身，外传翁文恭（翁同龢）所保，其实由于侍郎密奏也。"黄濬《花随人圣庵摭忆》亦云："以予所知，康南海（康有为）之得进于德宗，实樵野（张荫桓）所密荐，常熟（翁同龢）诇知德宗意，始具折保康。"（翁同龢举荐康有为，也是事实，如其致廖寿恒信中云："弟之举康、梁也，衷心无一毫不能告人处，足下所知，而世人所共见也。康、梁有其经世之才，救国之方，此弟之所以冒万死而不辞，必欲其才能的所用而后已也。"不过他的举荐，更多出于跟风，投合光绪意旨。）1943年3月，《清华学报》（第13卷第1期）刊登了何炳棣《张荫桓事迹》一文，不仅确证张荫桓举荐康有为，还称其为"变法之领袖"，"非荫桓之先启沃君心，则维新之论不能遽入，非荫桓之为有为先容，则变法之计不能骤行"。

张荫桓为什么会大力举荐康有为呢？此中要素，一是思想，二是权力，所谓同乡之情，反成小节。论思想，张荫桓可谓当时朝中最开明的人之一，甚至排在李鸿章前面，李鸿章不懂英语，对西方政治一知半解，流于表层，这两点，则为久历外洋的张荫桓所擅长，从外国人誉其为"目下北京唯一懂得洋务的政治家"，可见一斑。何炳棣称他"幼讲洋务，长究经济，其后历任要职,出使三洲,目睹世界大势,身经旷古变局,因感中国非彻底革新,无以图存","彻底革新"云云,与激进的康有为一拍即合。

再说权力。张荫桓的仕途,大抵称得上平步青云,五十余岁便官居户部左侍郎兼总理衙门大臣,一身兼掌财政、外交,极得光绪宠信,"是时张荫桓蒙眷最隆,虽不入枢府,而朝夕不时得参密沟,权在军机大臣以上"(王照语)。这是好事,也是坏事。不是军机大臣而权过军机大臣,显然是官场大忌。加之他为人负才任气,锋芒毕露,常令同僚难堪,连一向倚重他的李鸿章、翁同龢,都对他时有不满。因此他虽处在权力之巅,却也岌岌可危、摇摇欲坠,为了巩固权力,则需培植自己的势力,同时取悦、引导皇帝,举荐康有为给光绪,正是其中一招。

茅海建认为,戊戌政变之后,慈禧最恨两个人,一是康有为,二是张荫桓,必欲除之而后快。张荫桓获罪,主因还是举荐康有为——有一说法称他不肯送礼而得罪了李莲英,这既误解了李莲英,同时小觑了张荫桓的心计与宦术——这二人的亲近关系,在当时并非秘密。如文悌弹劾康有为,称康有为常在深夜到张荫桓家投宿,"盖户部侍郎张荫桓与康有为同县同乡,交深情密";后来贻谷弹劾张荫桓,亦云康有为夜宿张荫桓家,称二人"无异家人父子","数月以来种种悖迹,张荫桓实与康有为同恶相济";据《唐烜日记》,当康有为遭通缉,有司曾去张荫桓家查抄,"因伊(康有为)素与张荫桓交甚秘密,疑在该处藏匿,派兵围其宅,二次穷搜,弗得"(光绪二十四年八月初六日,1898年9月21日)。基于此,八月初九的抓捕名单,张荫桓排名第一。

好在张荫桓与列强关系甚深,英国人看重他,日本人喜欢他,听说他被捕,两国公使一同出手,即刻营救,不仅把他从虎口捞了出来,还摘去了"康党"的帽子,"著发往新疆,交该巡抚严加管束"。不过,老话说是福不是祸,是祸躲不过,又云君子报仇十年不晚,庚子年义和团运动爆发,慈禧向列强宣战,不必再顾及洋大人的脸面,一贯记仇的她翻出旧账,下令把远在西域的张荫桓处死。算起来,他也只多活了两年。

这两年的代价,则使他不能与戊戌六君子齐名,"身没名隐,勋业随以埋没"。假如他死在戊戌年,那则不是戊戌六君子,而是七君子——相比徐致靖,他更当之无愧。

十五、袁世凯的囚徒困境

1916年3月,康有为致信复辟帝制的袁世凯,劝其退位。这封公开信开头云"慰庭总统老弟大鉴"(袁世凯字慰亭,亦作慰廷、慰庭),大占袁世凯便宜。不过论年纪和交情,康有为的确有资格叫袁世凯一声"老弟":他比袁世凯大一岁,二人相识于光绪二十一年(1895年),正应了信中所云"廿余年之交旧"。论起廿余年前的前尘往事,康有为一面大吹法螺:"当戊戌时,仆毗赞大政,推毂大僚者十余人,而己身未尝受一官,上意命入军机,亦未尝受。"这句话几乎没有一字可信;一面感旧之哀:"追昔强学之会,饮酒高谈,坐以齿序,公呼吾为大哥,吾与公兄弟交也。今同会寥落,死亡殆尽,海外同志,惟吾与公及沈子培(沈曾植)、徐菊人(徐世昌)尚存,感旧欷歔,今诚不忍见公之危,而中国从公而亡也。"(康有为《劝袁世凯退位书》)这句话则把流逝的时光拉回到风雨仓皇的晚清年代。

光绪二十年(1894年)爆发的中日甲午战争,堪称中国近代史上的一大转折点，于袁世凯个人而言，同样如此。其一生功业，起于朝鲜，十余载苦心经营，随战败付诸东流。当时朝野流传一种说法，"谓此役割地赔款，朝鲜独立，皆由袁世凯一人任性妄为，闯此大祸"（刘成禺《世载堂杂忆》）。譬如恭亲王奕䜣问李鸿章："吾闻此次兵衅，悉由袁世凯鼓荡而成，此言信否？"李鸿章则替袁世凯挡枪："事已过去，请王爷不必追究，横竖皆鸿章之过耳。"曾向李鸿章推荐袁世凯的张佩纶，在致李鸿藻信中，判定这场战争"萌自袁世凯，炽于盛宣怀，结于李经方"，并称袁世凯"大言不惭，全无实际""骄奢淫佚，阴贼险狠，无一不备"，劝李鸿藻慎用此人。凡此种种，足见袁世凯在甲午战争之后的处境之坏。

其时袁世凯的思想，较之同侪，显然属于新派。如梁启超《谭嗣同传》所云："时诸将之中，惟袁世凯久使朝鲜，讲中外之故，力主变法。"这是因为，一来他在朝鲜十来年，常与外国人打交道，耳濡目染，头脑渐渐开化；二来他是甲午战争的亲历者，在血与火之间，洞见了清朝军制的腐化与僵化，痛定思痛，主张用西方的办法训练新军。同为"力主变法"的新派人物，他与康有为志同道合，不仅帮康有为递交上书（《变通善后讲求体要以图自强呈》），还一同组织强学会。据康有为自编年谱，袁世凯与陈炽、杨锐、沈曾植等，都是强学会的发起人。1912年10月22日，梁启超发表演讲《鄙人对于言论界之过去及将来》云："当甲午丧师以后，国人敌忾心颇盛，而全瞀于世界大势。乙未夏秋间，诸先辈乃发起一政社名强学会者,今大总统袁公,即当时发起之一人也……而最初着手之事业,则欲办图书馆与报馆,袁公首捐金五百……"这些都是袁世凯作为维新人士的铁证。

康有为《汗漫舫诗集》还写道,强学会运营期间,"是时,袁(世凯)、徐(世昌)先出天津练兵,同志夜饯观剧,适演十二金牌召还岳武穆事,咸欷歔,李玉坡理卿至泣下"。由此可知康有为与袁世凯声气相投的程度,1916年信中回忆"饮酒高谈""公呼吾为大哥,吾与公兄弟交也"云云,绝非虚辞;更可以用来解释,为什么戊戌变法后期,康有为欲行武力夺权,首先想到的便是在小站练兵的袁世凯,他们毕竟同志一场。

于是有了这急管繁弦的一幕:光绪二十四年七月二十六日(1898年9月11日),徐致靖上《密保练兵大员疏》,建议光绪皇帝重用在天津练兵的直隶按察使袁世凯;七月二十九日,袁世凯应召进京;八月一日,光绪召见,将袁世凯从正三品的按察使提拔为正二品的侍郎候补,这在当时,属于超擢(越级提拔),乃是极大恩宠,令人侧目;八月二日,光绪再次召见袁世凯,大加勉励道:"人人都说你练的兵、办的学堂甚好,此后可与荣禄各办各事……"

八月三日的法华寺之夜,也许是袁世凯一生最不愿回顾的一夜。谭嗣同夤夜突来,游说他出兵杀荣禄,肃宫廷,清君侧,复大权,这使他遽然惊觉,此前的官运亨通,原来不是福音,而是陷阱。落在了权力斗争——换一个现时代更流行的说法,叫"宫斗"——的棋局之上,他不过是一颗供人驱使的棋子，对于谭嗣同的兵变计划，倘若拒绝，有负皇上，倘若遵从，有负皇太后和荣禄大人，反正怎么选择，都成问题。最大的问题在于，他没有退路，必须做出选择，像韦小宝那样以"老子不干了"来应对两难之局，终归只是小说。

后来的历史叙事，以维新与守旧的二元价值观，在光绪与慈禧之间画出了一道清晰的界限。这是典型的后见之明，而且未必在理。就当时而言，光绪与慈禧之争更多表现于权力，与政见、道义等关系甚小。譬如袁世凯一听谭嗣同要杀慈禧，立即说道："皇太后听政三十余年，迭平大难，深得人心。我之部下，常以忠义为训戒，如令以作乱，必不可行。"这句话出自袁世凯《戊戌日记》，虽是事后之谈，却未尝不可视作一种政治心理的投射。戊戌年的大清官场，已经归政的慈禧，其形象与威望依旧在光绪之上。忠于皇上是忠义，忠于皇太后也是忠义，二者并无高下之别。

既然怎么选择都无关忠义，或者怎么选择都有违忠义，那么摆在袁世凯面前的难题，只能进行现实主义或功利主义的考量。首先他需要考量，谭嗣同的计划，有多少成功的可能。论打仗，他算是行家里手。试看他怎么"设词推宕"："天津为各国聚处之地，若忽杀总督，中外官民，必将大讧，国势即将瓜分。且北洋有宋（宋庆）、董（董福祥）、聂（聂士成）各军四五万人，淮练各军又有七十多营，京内旗兵亦不下数万，本军只七千人，出兵至多不过六千，如何能办此事？恐在外一动兵，而京内必即设防，上已先危。"谭嗣同让他以迅雷不及掩

耳之势举兵,他则答道:"本军粮械子弹,均在津营内,存者极少,必须先将粮弹领运足用,方可用兵。"(袁世凯《戊戌日记》)

袁世凯这番话名为推宕,实则几乎全是事实。关于当时的军事形势,高阳的分析更为透彻:"试想,袁世凯有兵七千在新农镇,亦即所谓小站,由此发兵,首须北向通过天津,这一关能不能通得过?其次,芦汉路局总办胡燏芬,会不会支持袁世凯,拨给足够的车厢供他运兵?就算北洋自荣禄以下都在梦中,任其所为,但芦汉路只通至南苑附近的马家埠,袁部又如何能从城南到京城西北的颐和园?即令聂、董两军不能赴援,步军统领崇礼的巡捕五营及属于内务府护军营系统的颐和园卫队,莫非都会弃械投降?"(高阳《翁同龢传》)高阳谈到的第一个问题,荣禄已经有所动作:八月初三日,荣禄下令聂士成带兵十营进驻于天津陈家沟,此举未必针对袁世凯,却达成了切断袁军入京之路的客观效果。基于此,可知这场兵变,成功的可能性极小。以袁世凯的头脑和经验,不难看穿这一点。也许早在法华寺,他已经决定站在哪一边。

进而言之,即便袁世凯兵变成功,那又如何?光绪摆脱掣肘,康有为等大权在握,改革必定会成功吗?须知戊戌变法失败的最大原因,一是不得其时(势),二是不得其人,三是不得其法。假如照旧由这班躁进之人、以这般急进之法推行改革,只怕还是难免败局。

说到败局,不妨参考当事人王照的说法:"……迨至召袁之诏下,霹雳一声,明是掩耳盗铃,败局已定矣。"(王照《方家园杂咏纪事》)按王照的判断,改革已经失败了,不管袁世凯是否发动兵变,都无法改写这一结局。倘若此说成立,那么最可叹的反而是袁世凯。康有为们明知大厦将倾,还拉他进来陪葬,固然可用垂死一搏来解释,于他未免太不公道。由此再来说他的告密。八月初三之后,他直接陷入了博弈论中的"囚徒困境":当他卷入兵变阴谋,一般只有两种可能,或者去揭发共谋者,或者被共谋者揭发。最终,他选择先下手为强,这首先是自保,其次才能谈到邀功请赏。至于戊戌政变,如黄彰健所言,并非因他的告密而发生,然而他的告密加剧了政变的激烈程度,也是事实,同时还得承认,他是政变的一大受益者,谭嗣同等人的鲜血,染红了他的官运。鉴于此,他挨了百余年的骂,不能说全部冤枉。只是需要分辨,他的罪过,多少源自个体意志,多少源自时代错位;他在两难之间的选择,能不能用道义来考量。

十六、慈禧反对变法吗？

除了袁世凯，还有两个人，百年以来，陷入了雾锁烟迷的历史误会之中。

一是慈禧太后。此前我们谈戊戌年的派系与思潮，曾经指出，当时的政治派系，可分作帝党与后党、维新派与守旧派，不过帝党未必尽是维新派，后党未必尽是守旧派。譬如后党领袖慈禧，便不宜笼统划入守旧派之列，无论纵观其一生，还是仅限于戊戌年。论政见，她是典型的实用主义者。其实用主义，重点表现为与时俱进（退）。甲午战争期间，她从主战到主和，义和团运动期间，她从主抚到主剿，翻脸比翻书还快，一切以时势变迁为转移，从不在乎打自己的脸。要言之，慈禧是唯形势论。只可惜晚清形势实在糟糕，国运每况愈下，哪怕与时俱进，也是得过且过，或者说拆东墙补西墙，往往因西墙缺口太大，把东墙全拆了都补不了——李鸿章的绰号"大清的裱糊匠"，同样适用于慈禧——这充分呈现了实用主义的最大困境，缺乏大略的实用主义，终将日暮途穷。

明确了这一前提,再来说戊戌变法。实用主义者往往利益至上,慈禧尤为突出。当事人王照认为:"戊戌之变,外人或误会为慈禧反对变法。其实慈禧但知权利,绝无政见,纯为家务之争。故以余个人之见,若奉之以主张变法之名,使得公然出头,则皇上之志可由屈而得伸,久而顽固大臣皆无能为也。"(王照《方家园杂咏纪事》)陈夔龙亦云慈禧"并无仇视新法之意",后来发动政变,扼杀变法,"徒以利害切身"(陈夔龙《梦蕉亭杂记》)。说白了,变法无碍她的利益,她便支持,有损她的利益,她便反对。

外国人的观察,可为佐证。光绪二十四年四月二十七日(1898年6月15日),翁同龢被他的学生光绪罢黜,日本驻华公使矢野文雄与张荫桓谈及此事,张荫桓称"太后也有改革之意见",矢野表示同意:"太后原本即是喜欢革新派之人,故皇帝翻然归向革新之说,可使皇帝与太后之亲情更加密切……"九月二十五日(11月8日),庆亲王奕劻拜访矢野文雄,谈到政变后的政局与政策,为扼杀变法的慈禧辩解:"皇太后之本意,也未必在于守旧。然为事之要,以实为先。苟得行其实,名不及变者多也(盖尽可能不变旧法制之名,而行改革之实之意)。今日之时势实有改革之必要,太后固然知之,只是不悦大张改革之名、少得改革之实、徒使人心动摇而已。故今日之方针,既不云维新,亦不必云守旧,而不外有依次进行必要改革之深意。"(转引自茅海建《戊戌变法史事考》)这乃是过誉之词,以安列强之心,不过前两句也是实情。此外,在英国驻华公使窦纳乐看来:"慈禧太后与光绪皇帝之间的冲突,并未涉及政见的不同。"对于那些认为"太后敌视变法"的论调,他认为"是无根据的,或过甚其词的"。

说罢外人,再说当事人。慈禧自己怎么看待变法呢?这里且列举两种史料和观点。苏继祖《清廷戊戌朝变记》云,戊戌年春,光绪感于亡国灭种的危机,对奕劻说:"后若仍不给我事权,我愿退让此位,不甘作亡国之君。"奕劻转告慈禧,慈禧大怒道:"他不愿坐此位,我早已不愿他坐之。"奕劻力劝,慈禧最后应允道:"由他去办,俟办不出模样再说。"由是变法开幕。这一说法,流传甚广,不过我始终以为,苏继祖此书可信度不该高估,作者虽是戊戌六君子之一杨锐的女婿,却非戊戌变法的局中人,变法期间,他也不在北京,加之一生潦倒,仕途止于小吏,眼界与见识十分有限,以致他的著述,号称"数句访询,反复考核,采之都中上下口吻,证之京津先后见闻",却充满耳食之言和皮相之谈,甚至错谬不堪。拿我们引述的这番话来说,问题在于,一来光绪亲政之后,对慈禧采用"事后报告制度"(茅海建语),手上不缺事权或话语权;二来以光绪的性情,以及对慈禧的敬畏,只怕不敢以退位向慈禧叫板;三来在戊戌政变之前,光绪与慈禧的关系尚未紧绷到敌对的程度,慈禧还不至于说出"我早已不愿他坐之"这样的狠话。苏继祖凭借自己的政治臆想,以及对光绪的忠诚(书中一直为光绪叫屈),虚构了这番对话,未免看低了慈禧。

相形之下,沃丘仲子(费行简)《慈禧传信录》有一段记

录,他虽斥之为"门面语",实则更为可信。慈禧曾与光绪谈论变法,总计表达了三点意见:

一,"变法乃素志,同治初即纳曾国藩议,派子弟出洋留学,造船制械,以图富强也。"这是事实,没有人能够否认,慈禧是洋务运动的领导人,可证之以矢野文雄的判断:"太后原本即是喜欢革新派之人……"

二,"苟可致富强者,儿自为之,吾不内制也。"与此相应,有意把慈禧塑造为变法之反对派的苏继祖也说:"然推之太后之心,未必不愿皇上能励精图治也,未必不愿天下财富民强也。至法当变不变,未必有成见在胸也。"

三,"若师日人之更衣冠,易正朔,则是得罪祖宗,断不可行。"苏继祖亦云:"汝但留祖宗神主不烧,辫发不剪,我便不管。"为变法划出边界,无可厚非,结合当时国情,恰可见慈禧的政治成熟。此外,《慈禧传信录》还记道,光绪曾将冯桂芬《校邠庐抗议》呈上慈禧,"后亦称其剀切,第戒帝勿操之过蹙而已"。(《戊戌变法》第一册)这也是一说,可参《周馥自编年谱》:"康有为屡上救时之策,大臣多保奏,上信任之。时太后退居颐和园,不与政,但属上勿专信新进急切改图而已。"又如张权致张之洞信中云:"刘博丈(刘恩溥)言,今上变法甚急,慈圣颇不以为然。每日谕旨,慈圣俱不看,但云:随他闹去罢。"(光绪二十四年六月二十二日,1898年8月9日)两种论述的差异在于,一者认为慈禧把变法的边界定于祖制(传统),一者认为定于方式,提醒光绪不要操之过急。

继续举证。从光绪十五年（1889年）慈禧归政、光绪亲政，到光绪二十四年（1898年）慈禧再度垂帘听政，这十年间，光绪与慈禧的权力关系，大体可总结为"小事由皇帝做主，大事须太后点头"。变法自然是大事，慈禧若不同意，光绪则不可能在四月二十三日（6月11日）发布《明定国是诏》。查《清实录》和《光绪帝起居注》，光绪发布诏书前三天，一直与慈禧同住颐和园，朝夕相见，变法决策，必定二人合力而非一方抉择。试看翁同龢当天日记："是日上奉慈谕，以前日御史杨深秀、学士徐致靖言国是未定，良是，今宜专讲西学，明白宣示等因，并御书某某官应准入学，圣意坚定。"（《翁同龢日记》第六册）——"上奉慈谕"，上即光绪，慈即慈禧，这足以证明慈禧同意变法；"今宜专讲西学"，足见变法决心之坚。

那么，慈禧从赞成变法到反对变法，此间到底经历了什么呢？有人将守旧派标签贴在慈禧身上，说她对变法的破坏，蓄谋已久，持之以恒，一言一行，莫不反动。这当然是一种误会或扭曲。事实上，慈禧的转向，是一个渐进与曲折的过程。与光绪推行变法同时，她也在对权力进行布局。当光绪未与她商量，一怒之下罢免礼部六位堂官，她尚且按兵不动，因为此时大局尚在掌握之中；当光绪欲开懋勤殿，召见伊藤博文，才使她感到紧张，从而发动政变。这中间的要素，正是权力的消长。

还需注意，如茅海建所分析的那样，"八月初六日慈禧太后重新训政，其政策取向还不是完全倒行逆施。除了捉拿康氏兄弟、将宋伯鲁革职外，并无其他停止新政的谕旨"。换言之，此时所涉及的只是太后与皇帝的权力之争，尚未波及变法政策；直至袁世凯告密、围园杀后之阴谋传到北京，新政才与光绪一道被打入另册。就此说来，哪怕到最后关头，慈禧对于变法，依然有其考量。从结果来看，她堪称扼杀变法的刽子手，然而这并不代表，她从一开始便是变法的反对者。

补记：

> 据孙宝瑄日记，戊戌政变之后，慈禧太后召见李鸿章，以弹章示之曰："有人谗尔为康党。"李鸿章决然答道："臣实是康党，废立之事，臣不与闻，六部诚可废，若旧法能富强，中国之强久矣，何待今日？主张变法者即指为康党，臣无可逃，实是康党！"（光绪二十五年十二月十二日，1900年1月12日，《孙宝瑄日记》）对此，方绍伟诠释道：李鸿章对慈禧知之甚深，算准了慈禧并不反对变法，只是反对康有为式的变法，才敢这么说，以致令慈禧默然。

十七、新旧之间的翁同龢

二是翁同龢。

历史的误会,表现在翁同龢身上,并不亚于慈禧。慈禧被误判为守旧派,翁同龢则被误判为维新派,甚至被推举为"中国维新第一导师"。这于慈禧是丑化,于翁同龢则是美化。吊诡的是,美化工程的始作俑者,恰恰是被翁同龢指为"居心叵测"、激化他与光绪的矛盾,最终导致他丢官弃职的康有为。这之间的种种纠葛,则使历史呈现了扑朔迷离、鱼目混珠的一面。

纵观翁同龢一生,足可断言,其人固然一度周旋于新旧之间,论思想底色,却是标准的守旧派。彼时判断新旧,有一些简便的标尺,譬如对外国的态度、对洋务的态度、对西学的态度等。以此来看,首先,翁同龢不通西学,老冤家李鸿章曾嘲笑他"目不观西籍,但知善奔走东华门耳",东华门即紫禁城东门,此处指皇宫,翁同龢平步青云,主要凭借帝师的身份而非才略。其次,他不怎么待见外国人,光绪二年(1876年)初,总理衙门举办新年宴会,盛邀各国公使,翁同龢在座,与客人"始终未交一言",不唯如此,他甚至"未沾一滴一脔,饥寒交迫",以这等决绝的态度,与外国人划清界限,后来他还斥各国公使为"一群鹅鸭杂遝而已"。更好玩的是,他不但讨厌外国人,还讨厌与外国人有关系的人,譬如外交官和洋务人士,曾纪泽用英语与外国人周旋,在他笔下则成"作夷语,啁啾不已";光绪二十二年四月初三(1896年5月15日),他见到容闳,写日记道:"江苏候补道容闳,纯甫,久住美国,居然洋人矣,然谈银行颇得要。"(《翁同龢日记》第五册)从"居然洋人矣"一句吐槽,可知他的反感。一报还一报,外国人对他同样反感,美国驻天津领事认为他极端排外,"是顽固派中的顽固派",英国人赫德、窦纳乐都给他扣上了"守旧"的帽子。

再说对西方器物、技术的观感。光绪十四年除夕(1889年1月30日)翁同龢日记云:"况火轮驰骛于昆湖,铁轨纵横于西苑,电灯照耀于禁林,而津通开路之议,廷论哗然。朱邸之意渐回,北洋之意未改。历观时局,忧心忡忡。忝为大臣,能无愧恨?"(《翁同龢日记》第四册)他的愧恨之情,主要针对火轮、铁轨、电灯等在中国的风行,尤其修铁路,他更是坚定的反对派。

光绪十八年正月初五(1892年2月3日),李鸿章七十大寿,初六,其子李经进早夭。翁同龢日记云:"闻合肥相国之幼子(颂阁之婿,今年十五,极聪慧),于初六日病卒,三日病耳。相国初五日寿,将吏云集,致祝之物,争奇竞异,亦已泰矣。倚伏之理可畏哉,相国笃信洋医,此亦为其所误。"(光绪十八年正月十三日,1892年2月11日,《翁同龢日记》第五册)最后一句可见他对西医的敌视。

翁同龢对西方、西学的态度,今人也许觉得不可思议,当时只道是寻常。不必说翁同龢写日记的那些年,哪怕到了戊戌年、庚子年,甚至更晚,中国主流,依然守旧。拿戊戌变法期间的故事来说。京师大学堂开张,要请一位总教习,先请盛昱,盛昱不干,发誓道:"若朝来请则午死,午来请则夕死。"再请王先谦,他也不干。此中缘故,则在京师大学堂中西并举,盛、王之流都不愿沾西学,故而坚辞,足见守旧——王先谦素有守旧之名,盛昱是晚清满人当中的杰出人才,曾为清流党干将,不想也是"望洋兴叹"。如此国情,出一个翁同龢,有什么好意外呢?反倒在情理之中。

翁同龢的守旧,在甲午战争当中表现最为显著。他一味主战,除了清流的迂阔、与李鸿章的矛盾等,最重要的原因,则在他的头脑尚且沉迷于天朝上国的幻梦之中,认为日本蕞尔小国,不堪一击,大清必可一战而胜之。然而,正是这一战,把他给打醒了,意识到"非变法难以图存",开始讲求变法。如光绪二十三年十二月二十四日(1898年1月16日)日记云:"上颇诘问时势所宜先,并以变法为急。恭邸默然。臣颇有敷对,谓从内政根本起。诸臣亦默然也。"——前后两番"默然",足见朝堂的守旧氛围,翁同龢能够觉悟、转向,已经大不容易。

可悲的是，转向变法的翁同龢，反而陷入了更大的困境。他脱离了守旧的队伍，不过由于思想底色、性情等元素的桎梏，对于维新的投入，并不彻底。他所主张的变法，自然不同于康有为所宣扬的变法，其政见大抵可划入"中体西用"一派，甚至只知坚守"中体"，对于"西用"则不甚了了，因为他实在不通西学。当时"中体西用"的代言人，在中央是他的好朋友孙家鼐，在地方是与他有怨的张之洞，与这二人相比，他则要保守或迂阔一些。由此他陷入了新旧之间的两难困境："当此之时，同龢所处地位为难，南北之争、英俄之争、满汉之争，以至帝后之争，同龢无不身当其冲。同龢非不知中国需改革之切，而不敢同尽废旧章之改革；非不知中国需才之殷，而不敢用驰突不羁之才；非不愿有所建树，而不敢以首领禄位为孤注。故于变法之论，未尝执义力主，亦未尝倡言反对。官宦伎俩，首鼠两端，非新进如康党诸人所知也。"（何炳棣《张荫桓事迹》）曾毓隽《宦海沉浮录》亦云："翁同龢持两端，受新旧两派排挤。"谭训聪则从另一角度道出了翁同龢的尴尬："翁公清帝师傅，有志维新，但持重不积极，旧派憎其袒帝，新派厌其迟缓，缘此得罪。"

明确了翁同龢的政治身位，再来说他与康有为的关系。按康有为一派的叙事，翁同龢对康有为，不止赏识、敬服，简直顶礼膜拜，譬如向光绪力荐康有为"才堪大用""才具胜臣百倍"，稍后听说康有为有意离京南下，"凌晨来南海馆"，"排闼入汗漫舫"，终于把他留住——这一幕神似萧何月下追韩信（康有为有诗《怀翁常熟去国》，即吟此事，"深惜追亡萧相国，天心存汉果何如"一句，把翁同龢比作萧何），与举荐康有为对照，一叹一咏，一反一正，皆表达了翁同龢对康有为的看重。不过，检索《翁同龢日记》，却未发现"凌晨来南海馆"的踪迹，相反，从光绪十四年（1888年）康有为的名字第一次出现在日记当中（当时叫"南海布衣康祖诒"），此后十年，与这个名字相随的几乎都是贬词，如"经家一野狐""策士""狂甚"等。大体而言，无论学问，还是政见，抑或性情，翁同龢与康有为都不可能成为同志。在时势与利益的驱动之下，他们一度携手，当时势激变，利益破裂，终将反目成仇，反戈相向。

此前我们曾说过，向光绪大力推荐康有为的乃是张荫桓，而非翁同龢。与此相应，翁同龢与光绪的矛盾爆发，恰与二人对康有为的态度相关。请看《翁同龢日记》（第六册）：

> 上命臣索康有为所进书，令再写一份递进。臣对：与康不往来。上问：何也？对以此人居心叵测，曰：前此何以不说？对：臣近见其《孔子改制考》知之。（光绪二十四年四月初七日，1898年5月26日）

另据张孝若《南通张季直先生传记》："光绪帝听到翁公'此人居心叵测'一句话，就问道：'何谓叵测？'翁公答：'叵测即不可测也。'"萧公权解释道："一般来说，'叵测'二字含有中伤的意味,其义近于'叛逆'……光绪帝显然被翁的强烈语气所震怒,故翁马上改以字面上的意义来回答,以缓和这种紧张状态。"

翌日,二人冲突加剧:

> 上又问康书,臣对如昨,上发怒诘责。臣对:传总署令进,上不允,必欲臣诣张荫桓传知,臣曰:张某日日进见,何不面谕?退乃传知张君,张正在园寓也。(光绪二十四年四月初八日,1898年5月27日)

此时光绪已经折服于康有为的变法论,翁同龢如此表现,尤其前后不一(翁同龢声称与康有为不往来,未必缘于近读《孔子改制考》,而是见康有为过于激进,被守旧派围攻,甚至惊动了慈禧,如其致廖寿恒信中云:"今日太后临朝,问康、梁甚急,略有怒容……太后且有不得康、梁,翁某亦有罪咎之语,"足见他唯恐被牵连,故而公开划清界限),势必引燃他的怒火。二人关系越近,怒火便越激烈。

二十天后,翁同龢被责令开缺回籍,官方理由是"近来办事多未允协,以致众论不服,屡经有人参奏。且每于召对时,咨询事件,任意可否,喜怒见于词色,渐露揽权狂悖情状,断难胜枢机之任"。背后原因则如张荫桓对日本驻华公使矢野文雄所述:

翁同龢开缺之因，其源甚远。先日清之战时，该人即主开战。此战以来给中国酿成无数灾难。尔后，翁所主张诸政策多未允协，且于内部被视为骄恣专权之事亦不在少数。此等之事逐渐积累，遂演成今日之事。又，关于近来之事，德国亲王谒见皇帝之时，翁固拒绝皇帝与其行握手之礼，皇帝则采用其他革新派之意见，与之行握手礼，于是翁对皇帝大放怨词。又其节飨宴之时大臣理应坐陪，翁氏亦不为之。诸事凡不和其意者，恼怒之情溢于言表。此等之事逐渐积累，而成免黜之口实云云。（转引自茅海建《戊戌变法史事考》）

这是关于翁同龢被罢黜最重要的解释。首先，罢黜翁同龢的不是慈禧，而是光绪，张荫桓属于帝党，犯不着为慈禧遮掩，当然此事必须经慈禧同意，所以其运作逻辑应是：光绪大义灭亲，慈禧推波助澜——她早已不待见翁同龢。其次，哪怕翁同龢提倡变法，依然难脱守旧本色，戊戌年初，对于如何接待德国亨利亲王，光绪的态度相当开明，可是他提出的各种与国际接轨的礼仪改革，一再为翁同龢等大臣所阻，以至"盛怒"，师徒之间的裂痕渐渐扩大，如光绪二十四年四月二十四日（1898年6月12日）《翁同龢日记》云："上欲于宫内见外使，臣以为不可，颇被诘责。"最关键的一点，即对变法的态度，除了不肯帮康有为递书，还有更显著一例：光绪发布《明定国是诏》，诏书由翁同龢起草，此前光绪已经与慈禧商定

"今宜专讲西学",翁同龢却主张"西法不可不讲,圣贤义理之学尤不可忘",落实在诏书当中,遂成"以圣贤义理之学,植其根本,又须博采西学之切于时务者,实力讲求,以救空疏迂谬之弊"——殊不知"空疏迂谬之弊",正由"圣贤义理之学"所酿成——这一"中体西用",导致光绪锐意进取的变法精神大打折扣,不由得他不生气,此刻他眼中的掣肘者,则成了这位翁师傅,欲行大事,必先去之。

这里可补充一点后续。光绪对翁同龢的怒火之烈,数年不熄,光绪三十年(1904年)五月,翁同龢去世,"庆王为之请恤,上(光绪)盛怒,历数翁误国之罪,首举甲午之战,次举割青岛。太后不语,庆王不敢再言,故翁无恤典"。这是王照的记载,他还赋诗一首云:"当年炀灶坏长城,曾赖东朝恤老成。岂有臣心蓄恩怨,到头因果自分明。"(王照《方家园杂咏纪事》)大意是,翁同龢落得这般下场,正应了因果报应。

回到戊戌变法的激情岁月。连自己的老师都要罢免,对朝中的守旧派而言,无疑是一记严重警告。自此,光绪的变法之路一意急进,再无阻碍。如张元济致沈曾植信中所感慨的那样:"自常熟(翁同龢)去国后,举行新政,明诏迭颁,毫无阻滞。其融泄之情必更有进于畴昔者矣。"(光绪二十四年六月十八日,1898年8月5日)在张元济这样的维新派看来,翁同龢被驱逐,大快人心,值得欢庆。只是他不会想到,徘徊于新旧之间的翁同龢,有时是绊脚石,有时则如刹车片。失去了刹车片,列车只能狂飙突进,直奔末路而去。

十八、光绪的心法与政法

我们似乎遗漏了一个人：光绪皇帝。谈论光绪与戊戌变法的关系，可从康有为的一封奏折说起。此折作于光绪二十三年（1897年）十月底十一月初。其时正值胶州湾事件爆发，康有为闻讯，忧心如焚，上书献策，即《上清帝第五书》，全名"外衅危迫，分割洊至，急宜及时发愤，革旧图新，以少存国祚折"，由此名目大抵可知康有为上书的心境与内容。

这里却有一个疑问：康有为这封上书，是否抵达龙案，并经光绪寓目？按康有为一派说法，光绪不仅读到，而且异常感动。如梁启超《戊戌政变记》所云："……皇上览之，肃然动容，指篇中求为长安布衣而不可得，及不忍见煤山前事等语，而语军机大臣曰：'非忠肝义胆、不顾死生之人，安敢以此直言陈于朕前乎？'叹息者久之。"不过，孔祥吉、茅海建等查考档案，并未发现总理衙门、都察院代奏此书的记录，只能存疑。

暂且抛开疑点，来看康有为的上书。书中有两点内容常为后人提及。一是其中的危言,如外衅危迫,分割洊至,不出数年,"……皇上与诸臣,虽欲苟安旦夕,歌舞湖山而不可得矣,且恐皇上与诸臣求为长安布衣而不可得矣"——正是这句话,引得康有为的长官工部尚书松溎勃然大怒,不肯代奏。二即著名的变法三策。

爱听评书、爱看古典小说的朋友,都该熟悉这样的情节:大臣为皇帝出谋,军师为主帅划策,常常献出上中下三策,以供选择。对外人而言,则可借机考量当事人的格局与智商,譬如昏聩者喜选下策,稳健者喜选中策,通常还有一套说辞:上策太急(险),下策太缓,中策正合我意云云。此次康有为竟也玩起了这一手,多少有些令人诧异。

康有为所筹划的上策,曰"择法俄日以定国是,愿皇上以俄国大彼得之心为心法,以日本明治之政为政法",即效仿俄国、日本变法;中策曰"大集群才而谋变政",即聚集中央人才,由他们推行变法;下策曰"听任疆臣各自变法",即中央放手,任由地方变法。其上书结尾云:"凡此三策,能行其上,则可以强,能行其中,则犹可以弱,仅行其下,则不至于尽亡……"共计三种结果:强国、弱国、部分亡国。言外之意,若不变法而因循守旧、苟延残喘,结局只能是全部亡国。

需要注意,康有为虽把"大集群才而谋变政"视为中策,其论述却不怎么上心。三策分别对应三段文字,上策最长,四百字,下策其次,三百字,中策最短,百余字,而且所言多是套话。就此揣测康有为的本心,也许中策乃是下策,下策才是中策——康有为上书同时，梁启超等正积极运作湖南自立，他们对中央变法并不抱太大希望，"今日非变法，万无可以图存之理，而欲以变法事，望政府诸贤，南山可移，东海可涸，而法终不可得变……为今日计，必有腹地一二省可以自立，然后中国有一线之生路"。这与下策的结果"不至于尽亡"遥相呼应——由于涉及王朝的脸面，可以这么想，不可这么说，不得不故作颠倒。

再说光绪。不管是否读到康有为上书，他在戊戌年所采纳的政治策略，无疑接近上策。具体说来，其变法路线，师法的是日本，而与俄国相去甚远——如黄彰健推断的那样，《日本变政考》对光绪的影响要超过《俄彼得变政记》，这极有可能是对光绪的变法思想之形成影响最大的一本书。何以见得？须从彼得大帝的心法与明治维新的政法说起。

彼得大帝是俄罗斯史上最杰出的皇帝，雄才大略，千古无双。康有为在《进呈俄罗斯大彼得政变记序》中，称"夫创业中兴之人，能变政者，其才武、其志深、其力雄、其气猛，推移旋运，举重若轻"，中间这四句，彼得大帝当之无愧。他的心法，或者说帝王心术，一是忍，二是勇，"大彼得知时从变，应天而作，奋其武勇，破弃千年自尊自愚之习，排却群臣沮挠大计之说，微服作隶，学工于荷英，遍历诸国，不耻师学，雷动霆震，万法并兴"。其实，康有为还漏了一点，那就是狠或冷酷，老话说虎毒不食子，彼得大帝为了巩固改革和权力，连自己的亲儿子都敢杀。话说这三点心法，光绪一个也无，不能忍，不够狠，偶尔勇敢一下，却因结局的悲剧而丧失价值，被讥为匹夫之勇，如甲午战争。所以"以俄国大彼得之心为心法"，于光绪则可望而不可即（清朝皇帝当中，唯一能与彼得大帝相比的应是康熙皇帝，二人恰是同时代人）。

不消说光绪，连康有为本人，对于效仿彼得大帝的改革都不自信，他心仪的对象，还是近邻日本。向光绪自荐《日本变政考》之时，他曾说："我朝变法，但采鉴于日本，一切已足……其他英、德、法、俄变政之书，聊博采览。"关于日本明治维新的政法或经验，他总结为六条："大誓群臣以定国是；立制度局以议宪法；超擢草茅以备顾问；纡尊降贵以通下情；多派游学以通新学；改朔易服以易人心。"从一定意义上讲，这正是戊戌变法的政治纲领。譬如光绪发布定国是诏，对应"大誓群臣以定国是"；开懋勤殿（未成功），对应"立制度局以议宪法"；任命谭嗣同等为军机章京，对应"超擢草茅以备顾问"（当然谭嗣同等并非草茅，大多有官职在身，不过也是小臣之流）；开放士民上书言事，对应"纡尊降贵以通下情"等。

由此可见《日本变政考》之于戊戌变法的重要性。我们平时说起康有为改革思想的代表作，一般会举出《新学伪经考》《孔子改制考》等，事实上，这些书一来毁誉参半，二来对光绪影响不大（康有为曾进呈《孔子改制考》，不过是删节版）。真正塑造了光绪变法观的书，还是《日本变政考》。这里顺道说一点，《日本变政考》一书，与其说"康有为著"，不如说

"康有为编著";而且,康有为的写法,一贯六经注我,对日本历史的叙述,合则留(有时不惜添油加醋),不合则去,合与不合,取决于他的思想和利益。要言之,这本书的性质,可谓"托洋改制",与托古改制之书《孔子改制考》中的孔子一样,日本只是改革的招牌或工具。

那么,中国效法日本改革,有明治维新的成功案例在前,为什么还会失败呢,问题到底出在哪里,出在谁身上?以此再说"以日本明治之政为政法"。就《日本变政考》而言,康有为对明治维新的诠释,侧重于事而低估了人的因素,或者说他高估了自己的力量。所谓事在人为,明治维新的主力,不是皇帝(明治天皇睦仁继位之时,犹是少年,论才略,比光绪强不了多少),而是西乡隆盛、木户孝允、大久保利通——他们并称"明治维新三杰"——伊藤博文等,这些人兼具学与术、知与行,都是一时之杰,放眼戊戌年的大清朝堂,能与他们匹敌的人物,大概只有一个被边缘化的李鸿章,至于康有为,完全不在一个档次,毫无可比性。遗憾的是,无论康有为还是光绪,都没有意识到这一点,他们眼里,只见明治之政而不见明治之人,虽然奋不顾身,终究于事无补。

哪怕是明治之政,康有为的理解亦有偏差。且说一点。逃亡日本后不久,他曾拜访日本政治家近卫笃麿。近卫告诉他:"我国维新,其由来已久,绝非明治前之两三年中之一蹴而成之事。其间经过各种变迁、牺牲几多人命,才有今日之结果。"回头再看康有为眼里的明治维新,却是"其效最速,其文最备"(《日本变政考·序》)"成效最速,条理尤详"(《上清帝第五书》),重心端在一个"速"字。这一慢一快,撇开视角的差距,则可说明康有为的急功近利,明治维新,积二十余年之功,他则企图一举克隆,遂令近卫感叹"其改革未免失之急激""贵邦今次之事,与我维新比较而言,只可说尚在其端绪之时"。

剖析至此,不难判断,彼得大帝的心法也好,明治维新的政法也罢,皆为光绪所不可企及——论心法和政法,他近乎文学青年,并不适合从事政治——如此而采取上策,必然力有未逮,因为推行上策,最需实力,或者皇帝有实力,如俄国;或者改革派有实力,如日本。实力不足而硬拼,只能一败涂地。说到这里,不妨打一发马后炮:事后来看,上策其实是下策,下策也许是上策,对比之下,上策需要实力,中策需要时间,下策需要勇气,这三者,光绪显然样样都缺,不过一定要分出高下的话,最缺的是实力,最不缺的则是勇气。

十九、假如由张之洞领导戊戌变法

前面屡屡提到张之洞,现在专门来说说他。他一直浮现于我们的视野而未被重点对待,最大原因在于,从一定意义上讲,他是戊戌变法的局外人。戊戌变法的中心是北京,他则远在武昌——说到这里,也许有人会打断,袁世凯不也不在北京吗,怎么被浓墨重彩,大书特书?如你所见,袁世凯的练兵地小站,位于天津东南,到北京相当便捷,而且变法晚期,他的北京之行,对政局大有影响。这一比可知,地理因素虽非根本,却与政局息息相关。由于地理限制,千里以外的张之洞之于戊戌变法,只能在边缘徘徊,而无从进入核心,由此他得到什么与失去什么,国家得到什么与失去什么,如何考量,则成难题。

事实上,戊戌年的张之洞,本有机会进入核心。这一年闰三月初三日(1898年4月23日),朝廷下旨:"张之洞著来京陛见,有面询事件。湖广总督著谭继洵兼署。"这背后,有两股势力在活动,一是后来名列戊戌六君子的杨锐和刘光第,他们运作张之洞进京，希望由其领导变法，整顿国事，此中虽有私意（此二人皆属张之洞一系），大体则是公心；二是上奏"请调张之洞来京面询机宜"的徐桐，作为守旧派领袖，引荐维新派的张之洞，则为对付政敌翁同龢和张荫桓，这里面私心的成分无疑更重。当这两派一拍即合，遂有奏请，最后由慈禧拍板，其用意则在平衡政局，不让翁同龢一派坐大——这是她一贯的权术。

对于杨锐等人的动作，张之洞事先并不知情，故而奉旨之后，一头雾水，满腹犹疑，以多事、多病为由试探、拖延，惹得光绪大发脾气。在此我们要介绍一下张之洞的行事风格，若用一字来总结，可谓巧，其欠缺，一是勇，二是恒。基于此，遇到难事，他的第一反应往往是推宕。湖南巡抚陈宝箴既是他的下属，也是老友，对其性情心知肚明，听闻旨意，立即发电，有"妄谓今日事势，必须用一拚字"等语，对症下药，以为激励。不过张之洞依旧沉吟不决，坐失良机。当然他也有光明正大的理由："……自顾迂庸孤陋，即入都一行，岂能有益时局，惟有听其自然。在外所办虽一枝一节之事，然尚有一枝一节可办耳。"

张之洞入京一事，因闰三月十九日（5月9日）爆发的湖北沙市事件而中止（背后应出自翁同龢的阻挠）。后人将此视为戊戌年的一大转折点。按他们设想，张之洞进京，必入军机处，必可领导变法，康有为一派必遭冷落，历史走向必将改写。如茅海建《戊戌变法的另面："张之洞档案"阅读笔记》所述：

……如果张之洞入京辅政,他在《劝学篇》中提出的"中学为体,西学为用"的主张,很可能成为此期朝政的纲领,而他对康有为及其学说的敌视,将会全力阻止康有为一派的政治企图。他对"迂谬"理念的反感,也将会全力阻止极端保守派的政治反动。若是如此,清朝的历史之中是否就会没有戊戌变法和戊戌政变,没有义和团和庚子事变,而提前进行清末新政?

我们不能说这样的假设毫无意义,但是,假设之为假设,而未化作现实,自有它的原因在。这些原因,往往注定了未来的成败。拿张之洞来说。他的性情与才具之局限,已经决定了他不可能成为破局的人物。破局需要勇悍,而非取巧;需要大刀阔斧,而非谨小慎微;需要知难而上,而非知难而退。不幸张之洞偏偏是后者。不消说比拟李鸿章,哪怕他能像陈宝箴那样富于血性,勇于任事,奉旨即北上,怎会受阻于沙市事件——从朝廷下旨到沙市事件爆发,足足有半月时间,却因张之洞的迁延而白白浪费——而且沙市事件解决之后,他依然有机会进京,如陈宝箴劝他"……完结后,似可即奏报起程,以慰人望""沙事竣后,似亦应据实复奏,若钧从入京,必于大局有益",然而他早已打起了退堂鼓。说白了,他不是不能进京,而是不想进京。这个"不想",正应了刘坤一对他的评价:见小事勇,见大事怯。

这不是说张之洞不能担当大事，而指他应对大事的态度，过于审慎，以至保守、怯懦。鉴于此，他不曾遵旨进京，就其个人而言，实际上是一种保全。因为以他的"见大事怯"，倘若入京辅政，夹在强悍的守旧派与疯狂的激进派之间，其对策必然是明哲保身，其局面必然是左支右绌。茅海建预期他一手"阻止极端保守派的政治反动"，一手"阻止康有为一派的政治企图"，独树一帜，支撑危局，可能性只怕微乎其微。更可能发生的情形则是，他被这两派左右夹击，两头受气，无所作为；如果面临左右之间的生死抉择，他应该会倒向实力更强的守旧派。

茅海建显然高估了张之洞，譬如在其早期著作当中盛赞张之洞是那个时代最重要的思想家（尽管不是最优秀）与最具远见的政治家（尽管不是最具实力）。这些都是泛泛而谈，难以落到实处。大体而言，以张之洞的性情与才具，只有主持一隅的能力，让他领导全局，不免强人所难。他在戊戌年的进退，恰可见历史之神的公正。彼时维新派中渐进一系，唯一有能力领导戊戌变法的人，应是李鸿章。可惜甲午一战，李鸿章威信扫地，身败名裂，若想出头，首先舆论不会通过（如强学会成立，李鸿章捐款三千金，被直接拒绝）；其次光绪不会同意（若无慈禧袒护，光绪对李鸿章的惩处无疑更狠辣），所以这也是一个伪命题。

既然说到张之洞，说到维新派中渐进一系，不妨深究一个问题：戊戌变法何以失败？早在百年之前，便有一种论调，称康有为等"卤莽灭裂,轻易猖狂",导致变法惨败,"驯至于幽其君而杀其友"(严复语)。这一观点在二十世纪九十年代,被上升到"亡于激进"的政治高度。由此衍生了与张之洞有关的那个假设:假如不是由激进派,而由渐进派领导戊戌变法,结局如何?

渐进与激进之争的确是戊戌变法期间的一大议题,然而并非决定成败的关键元素。变法之失败,首先在时势,如茅海建所云,"戊戌变法的动力不在于内而在于外",外患即亡国灭种的危机刺激了变法,就内部而言,改革尚未成为共识,遑论大势——要等到两年后,经义和团运动一劫,执政者才觉悟到,当务之急不是要不要改革,而是怎么改革;其次在力量,戊戌年大清朝野的最大派系乃是守旧派,维新派——包括渐进与激进——势孤力薄,暂未形成利益集团,哪怕拉上革命派合作,都不是守旧派的对手,一旦图穷匕见,拔刀相向,强弱分明,必败无疑;最后才是人与方法的问题,康有为们可比庸医,所推行的"大变、全变、骤变"可比虎狼方,不过,在前两个因素的对比之下,这一点已经不是那么重要,纵使换作"老成硕望"如张之洞来主持变法,用渐进思路替代激进思路,结果也是必败之局,照样难救大清,差别在于,可能不会有戊戌政变,不会有戊戌六君子喋血菜市口的悲剧。

这么说是不是过于武断呢?试看大清最后十年的改革,其领导者正是张之洞等渐进派,改革纲领《江楚会奏变法三折》出自张之洞和刘坤一之手。改革中后期,张之洞终于进京,入主军机处，登上政治前台，然而结局如何呢？那些假设由张之洞来领导戊戌变法的人，当可在此找到答案。

关于这一问题，萧公权先生早有定论。1957年4月，他用英文撰写的《翁同龢与戊戌维新》一书发表于台湾出版的《清华学报》，书中将翁同龢与张之洞都划入温和派，即维新派中渐进一系，其结语云：

> 十九世纪末、二十世纪初的政治情况，排除了借变法以救国的可能性。不仅康有为激烈的变法不可能，即使翁同龢、张之洞等温和派所鼓吹的有限改革亦属不可能。皇朝体系——充斥着个人恩怨和党派冲突、苦于行政的无能与腐败，加上接踵而至的内忧外患——正一步步地走向崩溃的末路。它无法提供有利的条件来完成任何对自身有积极利益的事；变法这剂特效药无补于垂死的王朝。
>
> ……当然，有人或许会辩说，翁同龢、张之洞等人所赞同的有限改革运动比康氏较为激进的变法易于实现——康的变法对于1898年的历史环境而言，过于激进了……这个论点虽言之成理，但对皇朝制度之终究堕落到不可收拾的地步，而终由革命运动（当变法派徒然为其目标奋斗时，革命运动已在形成之中）予以致命一击这个事实，却无法提出一个充分的解释。因此，作为保全皇朝的手段，翁同龢的有限改革论与康有为较广泛的变法运动同属无效。从实际的观点来看，两者没有什么优劣之别。

写到这里，不由想起一则近事。前些天参加一场线上讲座，主题正是戊戌变法。最后主持人提问：假如穿越到一百二十年前，成为维新派，你会怎么做？我和另外两位嘉宾几乎异口同声：转向革命。

补记：

关于戊戌变法不得其人与法，日本人深山虎次郎《养士论》中有一段评论："古今中西变革成法，必经历二时期，譬之改造室家：破坏旧屋，扫除瓦砾，平定基址，坚筑周垣，则廓清扫荡之期也；斫削梁栋，布置牖户，涂暨壁墙，安设几席，则润饰赞治之期也。廓清扫荡，有待于慷慨义烈之士，虽有博学之士、才智之徒，无所用之。润饰赞治，有待于练达时务、学问渊博之士，非抗厉血气之辈所能济。今支那士人，不审变法次序，动欲改革官制，设立议院，是何异未置基础，欲横柱梁而施之丹腹哉！其所谓变法也者，距乱法几何？夫法，死物也。今支那欲变其成法，而仿欧、美、日本，则舌人半月之业耳。然其所定之新法，而不合于时宜，又活用无其人，则其效无异不变者矣！支那通患，不在法之不变，而在襄助变法者无其人。"此文刊于《亚东时报》第15号，转引自张之洞幕僚陈庆年的日记（光绪二十五年十月二十二日，1899年11月24日）。

二十、戊戌变法的遗产

戊戌变法以失败告终,唯独梁启超认为这是一场成功的政治运动。以其滔滔雄辩,自有一番煌煌说辞:"凡物必有原动力以起其端,由原动力生反动力,由反动力复生其反动力,反反相衔,动动不已,而新世界成焉。惟戊戌之原动力,其气魄雄厚,其潮势壮阔,故生反动力最速而最剧,仅百日间,挫跌一无所存。为反动力之雄厚壮阔,亦与之相应,其高潮之点,极于团匪之祸,神京蹂躏,朝列为空。今者反动力之反动力又起矣。自今以往,中国革新之机,如转巨石于危崖,遏之不可遏,必达其目的地而后已。此事理所必至也。然则戊戌之役,为败乎?为成乎?君子曰:成也。"(《南海康先生传》)

梁启超所描绘的历史进程,属于典型的"线性史观":历史起源于原动力,原动力生反动力,反动力再生反动力,这些力量相互作用,推动历史大江东去,一往无前。这一史观显然过于强硬而单调,因为历史进程从来不曾呈现为一条直线,而且原动力与反动力之间未必水火不容、泾渭分明,它们更可能以一种合力的关系，推进或阻碍历史。拿戊戌变法与随后的义和团运动——即梁启超所言"团匪之祸"——来说：戊戌变法由维新派中激进一系所主导，义和团运动由守旧派所主导，两者恰好相反，称一者为原动力，一者为反动力，并无问题；不过，戊戌变法是一场激进政治运动，义和团运动亦然，从激进主义的政治谱系上讲，两者大体一致，谈不上孰正孰反。依照前者，它们以一种相反的方式建构历史；依照后者，它们则以一种相同的方式建构历史。

最要命的是，梁启超的历史观，容易导向一个误区：视戊戌变法为原动力，义和团运动为反动力，一正一反，则使一些人误以为，这二者存在因果关系。事实上，它们只是先后关系。况且这一先后，并非前后脚，而隔了近两年，时段越长，变数越大，此间有许多偶然因素，譬如荣禄之病、赵舒翘之盘算等，都足以改写历史走向。说白了，哪怕我们把戊戌变法和义和团运动放到一条线上，也万万不可尝试从一者推导出另一者。须知线性史观的一大毒害，即把时间扭曲为逻辑。

再看梁启超这段话，目的非常明确：为戊戌变法辩护。怎么辩护呢，怎么从一败涂地之中发掘成功的光芒？只能着眼于未来：义和团运动是戊戌变法的反动力，"今者反动力之反动力又起矣"，所谓"反动力之反动力"，便是庚子新政——梁启超写作《南海康先生传》之时，正值新政开幕，他隐约嗅到了"中国革新之机"卷土重来的政治气息，这一革新之机，正由戊戌变法所开启。这么一来，戊戌变法与庚子新政拉上了关系，当后者继承前者的遗产，足以论证前者的成功。对此，不得不叹服梁启超的先见之明，后世正有一种论调，判定庚子新政是戊戌变法的延伸与深化（当然朝廷不作如是想，推行庚子新政的上谕明言"康逆之谈新法，乃乱法也，非变法也"，急欲与之一刀两断；督办政务所《开办条规》云："维新之极而有康逆之乱，守旧之极而有拳匪之乱，"新政的定位则介于这二者之间）。

由此来说戊戌变法的遗产。按梁启超的讲法，戊戌变法之可贵，不在形式，而在精神。"若其精神，则纯以国民公利公益为主，务在养一国之才，更一国之政，采一国之意，办一国之事。盖立国之大原，于是乎在。"这调子飙得太高，未免大而无当。照我理解，戊戌变法的精神，即开启了"革新之机"，可归结为改革精神。此前虽有改革，只是小修小补，不比戊戌变法，堪称大吹大打，固然一无所成，却有破冰之势，此后再来改革，阻力自然小多了。当然称庚子新政继承了戊戌变法的衣钵，只怕有待商榷，同为改革，两者的纲领和路径大不相同，一者激进，一者渐进，一者空泛，一者实干。

庚子新政的结局，则可反过来证伪一个关于戊戌变法的历史假设：假如慈禧放手任由光绪变法，抑或袁世凯听从康有为、谭嗣同的建议而发动兵谏，大清会不会起死回生？我的答案是：肯定不会。因为无论戊戌变法还是庚子新政，最终都不得不直面改革的最大困境：改革者如何处理与既得利益者的关系，或者说既得利益者如何处理与改革者的关系。晚清这两场改革，皆折在既得利益者——前者表现为守旧派，后者表现为权贵阶级——手里，所以不管怎么改，都救不了大清。就此而言，戊戌变法最正面、最契合历史大势的遗产，其实不是改革，而是革命。我们谈论谭嗣同的时候，屡屡提及这一点：戊戌变法之败与谭嗣同之死，使一些国人意识到，改革救国，此路不通！

倘若换一套概念，抛开改革与革命，以渐进与激进而论，如此前所云，激进主义在近代中国所主导的第一场政治运动，正是戊戌变法。梁启超有言："戊戌维新，虽时日极短，现效极少，而实二十世纪新中国史开宗明义第一章也。"唯有从激进主义这一点上讲，发生在二十世纪前夜的戊戌变法，才能纳入二十世纪新中国史，才能称得上"开宗明义"：它所开出的激进方案，以应对救亡难题，此后近百年，一直占据主流，甚至号称标准答案。不过，如果把激进主义的崛起视作戊戌变法的遗产，有些人必定不以为然，在他们眼里，激进不是药，而是毒——"是药三分毒"。

说罢精神，再说形式。戊戌政变爆发之后，与变法相关的种种政令陆续被废止，所幸还保留了一样东西：京师大学堂。这被后世称作"仅存硕果""奇迹"等。1912年10月底，结束了长达十五年流亡生涯的梁启超受邀到北京大学——其前身即京师大学堂——演讲，马相伯校长致欢迎词，称"戊戌新政所留存于今日者，惟一大学校"。所以说这是戊戌变法所留下的最无争议的遗产。只是，京师大学堂筹办期间，曾有纷争，一方是孙家鼐,属于维新派中渐进一系,一方是康有为、梁启超,属于维新派中激进一系,这场维新派的内斗,以前者胜利而告一段落,基于此,梁启超对于马相伯的称赞,只能老实声明:"谓鄙人为创设大学校之发动人,则不敢当。"而且,京师大学堂正式开学,在戊戌年底,彷徨于政变的愁云惨雾之下,连孙家鼐的渐进路线都无以为继。

话说戊戌变法还有一项人事遗产,那就是袁世凯。试看他的升官图:变法之前,任正三品直隶按察使;变法末期,被提拔为正二品侍郎候补;政变之后,曾护理直隶总督,虽仅三天,却可视为一种信任和荣耀;果不其然,一年过后,升任山东巡抚,成为封疆大吏,从此独霸一方,独当一面。是以论戊戌变法的受益者,袁世凯必是其一,而且极有可能是最大一个。他固然背上了告密的罪名,被康有为一派痛斥为慈禧的忠犬,然而在十余年后,恰是这条爱新觉罗家的走狗,把爱新觉罗家的政权送进了坟墓。就此来说,袁世凯可谓戊戌变法最具杀伤力的遗产。

最后还想说说梁启超,作为当事人,纠结于戊戌之役的成与败,其情可悯,其言可哀。不过,窃以为承认并直面戊戌变法的失败,应该是一种更合理的选择。历史并不适用成者王侯败者寇的功利主义逻辑,有些事件,纵然失败,同样可影响历史,甚至比成功更能影响历史;失败也是一种遗产,正指向未来的成功——戊戌变法便是如此。我还想起列奥·施特劳斯(Leo Strauss)悼念温斯顿·丘吉尔(Winston Churchill)的话:

"……丘吉尔的失败过于伟大,以至于不能称之为悲剧。"这句话同样适用于戊戌变法,尤其是谭嗣同。

附录

一、慈禧：知识与国运

慈禧相信义和团的神术吗？

十余年前，电视剧《走向共和》风靡一时，刷新了许多国人对中国近代史的认知。其功效，有如拨云雾而见青天。然而过犹不及，有些人竟把《走向共和》当作信史，譬如谈及慈禧太后与义和团的关系，常引台词为论据。话说剧中这一节，大清君臣正襟危坐，观赏义和团表演刀枪不入的神功，慈禧看后，大加赞赏，私下却对荣禄说："……刚才看的那些鬼把戏全是假的，骗不了我。可那一条条精壮的汉子是真的，若是不能善加利用可不得了，那可就是洪水猛兽啊。可要是用好了呢，起码是几十万的人力，若真是外交上跟洋人崩了，真的打起来，他们至少也是能消耗洋人弹药的炮灰。可究竟如何，现在还难说的很哪。"这番台词，常被视为庚子年（1900年）慈禧政治心理最精确的表达。

我无意否认《走向共和》的启蒙作用，不过历史学的第一价值在于真，涉及真伪，不得不辨。义和团运动期间，张伯英

在京担任正蓝旗官学汉教习,据其见闻,慈禧的确看过义和团表演神功,只是看完之后,并未识破其鬼把戏,而是"深信不疑":

> 当(义和团)初起之时,朝廷未必以为然,及遣刚毅等赴涿州查看回奏,孝钦(慈禧)渐有活动之意,然尚未敢深信。嗣由庄王(载勋)请旨令大师兄上法入宫演习,孝钦亲自命枪不中,然后深信不疑。自时厥后,出入宫闱,无论何处,皆许自由行动,为所欲为,不可收拾矣!所谓国家将亡必有妖孽者,洵不诬也。(赵声伯《庚子纪事长札》)

如史料所示,慈禧对于义和团的神术,从存疑到笃信,并非一蹴而就,而是循序渐进。在此过程当中,数人居功至伟。一是大太监李莲英,"李总管甚信团,并时常讲其所睹之神术为老佛陈之";二是大清皇族载漪、载勋、载澜等义和团的脑残粉,对慈禧的游说不遗余力。不过这两种人所扮演的角色,近乎铺垫,真正帮助慈禧捅破那一层窗户纸,构成"祸福转捩关键"(吴永语)的则是刚毅和赵舒翘。

光绪二十六年五月初九日(1900年6月5日),朝廷派军机大臣赵舒翘、顺天府尹何乃莹前往义和团云集的涿州,名为安抚解散,实为察看虚实。赵舒翘是刑部出身的老法师,擅长断案,慧眼如炬,吴永夸他"起家科第,扬历京外,开藩陈臬,并皆卓有政声;而且学问淹通,持躬廉正","此儿戏鬼混之义和团能否成事,明白易晓,决不至于不能鉴别"。(吴永《庚子西狩丛谈》)事实正如吴永所论,在赵舒翘看来,义和团"皆市井无赖,乞丐穷民,殊不足用"。不料另一位军机大臣刚毅随后赶到——这里且插叙一笔,刚毅为什么跟来了呢?作为朝中最早、最坚定的义和团拥趸,其心中早有定见,根本无须实地考察,他之所以主动请缨去涿州,则为控制局面,唯恐赵舒翘坏事(与赵舒翘一样,刚毅也是刑部出身的老法师,曾主持平反晚清四大奇案之首的杨乃武与小白菜案)——因他对赵舒翘有提拔之恩,赵舒翘不敢立异,于是顺从其意,一同"盛称拳民忠义有神术",至于何乃莹,人微言轻,只能"唯唯从命"。彼时朝堂之上,荣禄抱病,且遭排挤,刚毅乃是慈禧最信任的重臣,当他力言拳民可恃,"太后遂一意倾信之"。后来慈禧对何刚德说:"庚子之役,予误听人言,弄成今日局面,后悔无及。"这个"人",即指刚毅和赵舒翘。据吴永《庚子西狩丛谈》,慈禧曾对他坦言:

……这都是刚毅、赵舒翘误国,实在死有余辜。当时拳匪初起,议论纷纭,我为是主张不定,特派他们两人前往涿州去看验。后来回京复命,我问他义和团是否可靠,他只装出拳匪样子,道是两眼如何直视的,面目如何发赤的,手足如何抚弄的,叨叨絮絮,说了一大篇。我道:"这都不相干,我但问你,这些拳民据你看来究竟可靠不可靠？"彼等还是照前式样，重述一遍，到底没有一个正经主意回复。你想他们两人都是国家倚傍的大臣，办事如此糊涂；余外的王公大臣们，又都是一起儿敦迫着我，要与洋人拼命的，教我一个人如何拿得定主意呢？

当然，这番话系事后所言，不无推卸责任、洗白自身之嫌。李莲英、载漪等人鼓吹，刚毅和赵舒翘加持，等到观看义和团上法，"亲自命枪不中"之时，慈禧已经成为义和团的铁杆粉丝。此后召开御前会议，袁昶说："臣曾微服往东交民巷，见匪中枪而死者，伏尸遍地，并不能避枪炮，究不足恃。"慈禧则道："此系土匪，决非团民，若系团民，决不至中枪炮。"这活脱是脑残粉的口吻，今人再也熟悉不过。李希圣《庚子国变记》云："载漪即第拜坛，晨夕必拜，太后亦祠之内中。"并在颐和园筑渐台，高二十余丈，名曰"鬼见愁"，鬼者，洋鬼子也。高树《金銮琐记》云："李阉召义和团入宫，列八卦阵，太后拜受灵符。"叶昌炽《缘督庐日记》云："津团有捷音，佛心欢喜，命大阿哥向东南方叩谢，此团规也，可谓笃信矣。"另有记载："闻以老佛每日于万几之暇，必将神团咒语诵七十次。诵毕，由李总管言以又亡洋夷一名等语。"皆可为证。

正面之外，还可从侧面印证慈禧对义和团的信仰。裕禄时任直隶总督，统辖天津、河北等地，身处义和团运动的第一线，早已判定义和团系无知愚氓，并无真实本领，"其技既无可取，而其教习之人又皆匪类"（《直隶总督裕禄折》），"所有设立拳厂煽惑滋事首要匪犯，务必严拿惩办，断不能倖逃法网"。时隔不久，他却迅速变脸，成为义和团的护法。这背后最大原因，则在裕禄做官，"专用揣摩之法"，即擅长揣摩当轴者的意旨，慈禧信什么，他就信什么。从他的转型，正可窥慈禧的态度。

其时裕禄不乏同道。楚王好细腰，宫中多饿死，待慈禧明确立场，官员纷纷追随。礼部尚书、军机大臣启秀在慈禧面前，叹赏义和团忠义可嘉，"并谓臣即义和团，幼时亦曾习练拳法云"，闻者无不惊异。太常寺卿王培佑紧随启秀的脚步，"称臣家世精拳技，即臣姊妹亦谙习红灯照，历述其术之神奇"，慈禧大为欢悦，立即令他担任顺天府尹。李希圣《庚子国变记》列举了一大堆"谄谀干进者"，如候补知府曾廉、翰林院编修王龙文、御史陈嘉言、吉林将军长顺、户部侍郎长麟等，或上书，或请命，皆以义和团为奇货，讨慈禧欢心。不难发现，此刻信仰义和团，不仅是政治正确，可以自保，而且是登龙之术，可以升官。

当然，确实存在一批史料，暗示慈禧对义和团的神术不乏疑虑，她之启用义和团，更多是一种政治策略。如《恽毓鼎日记》云："……召对于仪鸾殿。太后力决战议，诸臣有虑拳民法术难恃者，太后谕：'法术虽难尽恃，人心自有可凭；此时若再失了民心，真不能立国了。'"（光绪二十六年五月二十三日，1900年6月19日，《义和团运动史料丛编》第一辑）不讲法术讲人心，足见慈禧态度。向列强宣战之后，朝廷致电各省督抚，解释何以宣战："此次义和团民之起，数月之间，京城蔓延已遍，其众不下十数万，自兵民以至王公府第，处处皆是，同声与洋教为仇，势不两立。剿之，则即刻祸起肘腋，生灵涂炭。只可因而用之，徐图挽救。奏称信其邪术以保国，亦不谅朝廷万不得已之苦衷矣。尔各督抚若知内变如此之急，必有寝馈难安奔问不遑者，尚肯作此一面语耶。此乃天时人事相激相迫，遂成不能不战之势。"（光绪二十六年六月初四日，1900年6月30日）明言对义和团只是暂时利用，而不谈其"忠勇有神术"。再如吴永《庚子西狩丛谈》所记载的慈禧之言：

> 当乱起时，人人都说拳匪是义民，怎样的忠勇，怎样的有纪律、有法术，描形画态，千真万确，教人不能不信。后来又说京外人心，怎样的一伙儿向着他们。又说满汉各军，都已与他们打通一气了，因此更不敢轻说剿办。后来接着攻打使馆，攻打教堂，甚至烧了正阳门，杀的抢的，我瞧着不像个事，心下早明白，他们是不中用，靠不住的。但那时他们势头也大了，人数也多了，宫内官外，纷纷扰扰，满眼看去，都是一起儿头上包着红布，进的进，出的出，也认不定谁是匪，谁不是匪，一些也没有考究。这时太监们连着护卫的兵士，却真正同他们混在一起了。就是载澜等一班人，也都学了他们的装束，短衣窄袖，腰里束上红布，其势汹汹，呼呼跳跳，好像狂醉一

般,全改了平日间的样子。载漪有一次居然同我抬杠,险些儿把御案都掀翻过来。这时我一个人,已作不得十分主意,所以闹到如此田地。我若不是多方委曲,一面稍稍的迁就他们,稳住了众心,一方又大段的制住他们,使他们对着我还有几分瞻顾,那时纸老虎穿破了,更不知道闹出什么大乱子,连皇帝都担着很大的危险。

需要分辨的是作为臣子和听众的吴永的反应。他一面称之为"事后之谈",即马后炮,一面不得不为慈禧开脱:"试想彼深居宫闱,一向与外间情势不相接触。一旦遭此巨变,前后左右,手足耳目,都是一样狂迷,如醉中闹架,欢呼盲进,意兴勃勃。他毕竟是个女流,易于迷信,平日为洋人交涉受了多少委曲,难得有此神人协助之机会。欲其凭一人判断,独排群议,尽遏众狂,此绝不易得之事。即自谓尚有主意未尝放手云云,事实具在,亦不能谓之尽诬。"(吴永《庚子西狩丛谈》)从"易于迷信""不能谓之尽诬"这些暗藏机锋的话来看,对于慈禧的"事后之谈",吴永心底其实不以为然。

无论恽毓鼎还是吴永的记载,显然都无法支撑《走向共和》的台词。如恽毓鼎所记,慈禧称"法术虽难尽恃",却非全然否定,更不能由此推论,她看穿了义和团的鬼把戏。《走向共和》的论调,显然高估了慈禧的头脑和眼睛。就我所见,更多的史料则在证明,慈禧真心相信义和团的神术:"认为拳民神术可靠,定能消灭洋人,正可大张挞伐,一决雌雄。"也许，她在信任的同时，不无拿义和团当炮灰的想法——这二者并不矛盾——不过这首先需要她自己作为炮筒子，她与义和团，已经相互捆绑。

需要注意，那年头，义和团席卷中国北方，"初只乡愚童稚学之，渐而工商习之，渐而士大夫信之矣"，"上自王公卿相，下至倡优隶卒，几乎无人不团"。对其神术，信者居于主流，能够戳破其骗局的人，寥寥可数。这中间，还有一些人将信将疑。其一即袁世凯。他经过真枪真刀的实验，方才撕开义和团的画皮：

> 拳匪起于山东，袁（世凯）抚继毓贤之后。时袁之翼长为姜桂题，本淮军宿将，目不识丁，言于袁曰："有神拳师不畏枪炮，盍试之。"袁乃听其所为。拳师云："须搭高台，三日行法。"三日后，袁令陆军环而发枪，拳师尽殪，乃悟其诈。（张一麐《古红梅阁笔记》）

慈禧并非袁世凯这样的雄才。曾国藩阅人无数，素有知人之明，同治八年（1869年）初，他入京觐见，与慈安和慈禧二位太后共谈话四次，印象是"两宫才地平常，见面无一要语"（同治八年五月二十八日，1869年7月7日，赵烈文《能静居日记》）。那年慈禧三十五岁，单论才地，一生大抵定型。此后她的阅历，局限于朝堂和宫廷，纵有深化，难得拓展，说白了还是有限。基于此，李莲英、载漪等人的怂恿，与刚毅、

一、慈禧：知识与国运　　[163]

赵舒翘的观察，加之亲身检验，完全可能使她迷信义和团的神术。

还得注意一点，慈禧的知识结构，与义和团正有相通之处。说起来慈禧所受教育十分驳杂，然而无可否认，其中最重要的一端，乃是戏曲：她对听戏的热爱，也许仅次于对掌权的热爱，高树《金銮琐记》曾记载其看戏的盛况："秦腔昆曲聚梨园，万寿山头金鼓喧。"与此相应，戏曲同样是义和团的知识库（罗惇曧《拳变馀闻》指出，义和团的知识来源于"《西游记》《封神传》《三国演义》《绿牡丹》《七侠五义》诸小说，北中所常演之剧也"）。任职怀来知县期间，吴永曾与义和团打交道，亲见其头目表演汉钟离、吕洞宾上体，"装腔弄态，全是戏场科白"，令吴永"几欲为之捧腹"。再看义和团所请来的那帮神灵："天灵灵，地灵灵，奉请祖师来显灵，一请唐僧猪八戒，二请沙僧孙悟空，三请二郎来显圣，四请马超黄汉升，五请济颠我佛祖，六请江湖柳树精，七请飞镖黄三太，八请前朝冷于冰，九请华陀来治病，十请托塔天王金吒木吒哪吒三太子，率领天上十万神兵……"不难想见，如果慈禧读到这份揭帖，会有多么亲切。

此外，慈禧的信仰体系，恰也与义和团重合。话说慈禧相当迷信，举凡风水、鬼神等，几乎无所不信。就我所见的史料而论，其所信神灵，一是关公，宫中演剧，只要关公上场，她必离座，假装散步，稍后再坐下，以示对关公的尊崇；光绪二十七年（1901年）她从陕西回銮，途经洛阳的关林，还曾去拜谒一番。二来信佛至虔，据德龄回忆，慈禧每天都要礼拜白玉观音，颐和园中有一座宝塔，塔中供观世音菩萨，"每当太后有不能解决的问题，即求于观世音菩萨，据说很是灵验"。可为佐证的是，慈禧拍照，常常扮作观世音菩萨，李莲英扮作韦陀天尊或散财童子，格格和宫女扮作龙女，以为烘托；同时慈禧身后高悬云头状牌，上书"普陀山观音大士"，这正应了一种传说：慈禧自视为观世音菩萨转世。如史料所示，无论关公还是观音，都是义和团所供奉的神灵，至于观音附体、转世云云，则是义和团最擅长的把戏。

谈论慈禧与义和团，不由想起一句名言："上面还是慈禧，下面还是义和团"；还有一种说法，叫"上半身慈禧，下半身义和团"。相形之下，我更喜欢后者。这不是要说，上半身指挥下半身，没有慈禧就没有义和团，而是强调慈禧与义和团在知识与信仰维度的同构性，说到底，二者本是同道中人，把慈禧置于庚子年中国北方的乡村，她肯定会加入义和团，也许还能成为领袖呢。进一步讲，慈禧与义和团的关系，正对应知识与国运的关系："近世中国，执政者的知识往往对应转型的方向感，构成了转型成败、国运盛衰的一大要素，它不是第二次大转型的充分条件，而是必要条件；有之转型未必成功，没有必不成功；决定不了一个国家的上限，却足以决定下限。"（见拙文《执政者的知识与国运》）正如袁世凯执政，国家的下限便是洪宪帝制；慈禧执政，国家的下限便是庚子国变。

慈禧的知识

我谈慈禧太后与义和团的关系，引用曾国藩对慈禧的评语，那句"才地平常"，惹恼了一位读者。他发来洋洋千言，力证慈禧才识过人，不消说在她所生存的转型年代，纵使放眼千载，都是第一流人物，令无数须眉竞折腰，吾国女性，唯有武则天可与之比肩。他还援引英国人濮兰德（John Otway Percy Bland）和白克好司（Edmund Backhouse）之言作为证据："慈禧心思灵敏，突过于人，其热心政权，亦独秉特性，其天资之卓绝，性情之坚毅，加以一生经历之多，艰难困苦，险阻备尝，此其所以称为伟人也。"

这段话出自《慈禧外纪》。作者之一濮兰德，曾任职于中国海关总税务司、上海英租界工部局，兼任《泰晤士报》驻上海记者。戊戌政变之后，正是在其义助之下，康有为才得以逃亡香港。如果说此人还有一定声誉的话，那么另一作者白克好司，通译为巴恪斯或巴克斯，则被视为疯子和骗子，他写慈禧的《太后与我》，满纸幻想，通篇意淫，简直就是一部情色小说，作为史料，可信度恐怕还不如路边书摊兜售的野狐禅。《慈禧外纪》虽为合著，巴恪斯则是主导，因濮兰德中文不佳，书中引述的汉语文献皆由巴恪斯负责提供，这便给了他作弊的空间，譬如伪造《景善日记》等，害苦了许多读者和历史研究者，以致连译者都不愿袒护此书："这是一本十分恶劣的书。濮兰德大概并不知情，从这个意义上说，他也是上了巴恪斯的老当，成了受害者，一世英名，毁于一书。"鉴于这种种情状，可知这本书对慈禧的评价,并非特别有力。

濮兰德和巴恪斯赞美慈禧天资卓绝后面,还有一段话——姑且以此为由头,探讨慈禧的才具:"年十六岁时,五经成诵,通满文,二十四史亦皆浏览。尝有史臣在旁讽诵,故能通古今治乱大势,又能诗善书画,有此聪明学问,故能久揽大权。"

如果这番话属实,那么慈禧确乎可称天才。可惜她少时所受到的教育,罕见史料记载,如《清史稿》等,一字不提。结合其家庭背景来看,一个普通官宦之家,一个长期担任笔帖式(文书)的父亲(其父叶赫那拉·惠征虽然到头来官居四品,却不是十分出色的人物),所能给予她的教育,只怕有限。这有限的教育,倘能培养出一个兼通文史、擅长诗书画的女子,不难想见,此女资质何其卓越。

可惜濮兰德和巴恪斯的赞誉,距离真相太远,就像他们说惠征"殁于安徽,女仅三龄"云云,纯属乱谈(咸丰三年,即1853年,惠征病故于江苏镇江,其时慈禧十八岁,已经入宫)。慈禧所遗留的字画,清晰呈现了她的文化素养。据王开玺先生研究,咸丰十一年(1861年),慈禧联合恭亲王奕䜣发动辛酉政变,迫于形势,只能亲自起草密谕,共计238字,错误16处,别字12个,如"进成后,在传旨著恭亲王总理赞襄正务,是否,求兄弟著议"一句,其中"成"当为"城","在"当为"再","正"当为"政",再如"权理朝政"写成"权理朝正","再行归政"写成"再行归正",足见其"政""正"不分,至于语句不通之处,不胜枚举。四年后,她

一、慈禧:知识与国运　　[167]

起草罢革奕䜣的上谕,共计226字,错别字13个,看起来并无几多进步,而且依旧"政""正"不分。好在慈禧极具自知之明,每次都不忘交代他人帮忙修正:"求七兄弟(奕谖)改写""诏旨中多有别字及词句不通者,汝等为润饰之!"

慈禧朱笔抄写的《般若波罗蜜多心经》,网上一搜可见。其书法,大抵只能说端正,评价再高一点,便属过誉。她的绘画,剔除缪嘉蕙等人的代笔之作,同样属于初学者的水平,如行家评价:"蓼花几如断枝枯叶,枝与枝之间杂陈不接,叶与花零乱,其用笔畏缩迟疑,全无功力;一只螳螂也画得离骨岔气不合章法。"

要言之,慈禧文化水准、素养不高,远远谈不上"能诗善书画""具有非凡的文学和绘画才能"。参照今日学历,大概在初中生与高中生之间。那些无稽之言,把她推到硕士、博士的高度,要么昧于真相,要么别有用心。无论哪一种,都有碍我们认知慈禧这个人的真实面目。

需要注意,文化水平并不等于政治水平。没文化的人未必不懂政治,正如有文化的人未必擅长政治。慈禧的政治水平,显然远胜于文化水平。以往我们喜欢强调她的权谋,譬如说她内斗内行,外斗外行,内行二字,她完全当得起。苏继祖《清廷戊戌朝变记》称她"有术无学",可与袁世凯"不学有术"并观,此处之术即权术。事实上,除了权术,她的政术也是相当可观,如识人、用人、搞平衡,尤其自我纠错,皆臻于一定水准。江河日下、气数已尽的大清王朝,正是在她手上,摇摇欲坠而不倒，苟延残喘了数十年。

不过话说回来，一个人的政治水平，终究还是受文化水平制约。所谓制约，我以为更多表现在政治视野。政局如弈棋，有文化的政治家可以看五步，没文化的政治家只能看三步。就此而言，尽管慈禧擅长顺势，与时俱进，然而其政治视野终嫌狭隘，缺乏远见。若把近世比作激流，大清比作一条船，以慈禧的能力，充其量只能保持船的平衡，却无法掌控船的方向，更无从预见时代或者说历史三峡的走势。她一生最大的局限，以及悲剧之形成，恰在于此。

明确了这一点，则可知曾国藩为什么说慈禧才地平常。同治七年（1868年）、八年（1869年）之交，曾国藩在直隶总督任上进京觐见。其时同治皇帝年幼，两宫垂帘听政，前后共召见四次。第一次召见，主题是撤兵，对话时间最长。皇太后（曾国藩日记并未明言是慈安还是慈禧，姑且视作二人合意）问："汝在江南，事都办完了？"曾国藩对："办完了。"问："勇都撤完了？"对："都撤完了。"问："遣散几多勇？"对："撤的二万人，留的尚三万。"问："何处人多？"对："安徽人多。湖南人也有些，不过数千；安徽人极多。"问："撤得安静？"对："安静。"……第二次召见，主题是造船与曾国藩的病情，关于前者，仅三句问答："你造了几个轮船？""有洋匠否？""洋匠是那国的？"；第三次召见，主题是吏治与练兵，中间依然谈及撤兵，慈禧问："鲍超的旧部撤了不？"曾国藩对："全撤了。本存八九千人，今年四月撤了五千人，九月间调直隶时恐怕滋事,又将四千人全行撤了。"第四次召见,主题与前次相仿。(《曾国藩日记》)从这四次召对而论,慈禧关心湘军裁撤,正在情理之中,然而屡屡纠结于此,不及其他要务(如造船),未免褊狭。故而曾国藩会说"两宫才地平常,见面无一要语",他的视野远过于慈禧的视野,他所期待的"要语",则为慈禧所不能企及。

要补充的是,慈禧的文化水平,并非一成不变,而是一直在增进。光绪三十三年(1907年),她已经七十二岁高龄,依然与光绪一起听大臣讲课。课程表包括《四书》《书经》《庭训格言》《御批历代通鉴辑览》《国朝掌故》《各国政略》等。《各国政略》后来改作《西史讲义》,从"新航路之发明""新大陆之发现"讲起,包括"法皇路易十四之霸业""俄皇彼得之雄略""普鲁士之勃兴""美利坚立国""法兰西内乱",以及"英国宪政之沿革""德国联邦之制度""美国政策之变迁"等。单看内容,正处于时代前沿。当然课本是一码事,学生能不能学进去,则是另一码事。

"美利坚立国""英国宪政之沿革"这样的内容,终归难以化入慈禧衰老的心灵。据恽毓鼎《澄斋日记》,慈禧死前忽然感叹:"不当允彼等立宪。"少顷又曰:"误矣!毕竟不当立宪。"从她对宪政的认知和姿态,以及所主持的预备立宪之性质,恰可见其人短视。以她的才具,非但无法领导中国转型,反而被转型的狂潮席卷而去。

二、光绪：身体与政治

高阳以资质、本性、体格、教育、责任感、统驭、应变、私生活、机遇等为标尺，为清朝皇帝打分。光绪排名第六，位列中等。其失分项，主要是体格、应变与机遇。应变一节，我觉得光绪不算差，该评为"中"而非"下"。譬如庚子国变，八国联军打进北京城，慈禧准备逃亡，光绪则道："无须出走，外人皆友邦，其兵来讨拳匪，对我国家非有恶意。臣请自往东交民巷，向各国使臣面谈，必无事矣。"（王照《方家园杂咏纪事》）随后换上朝服，准备自赴使馆，慈禧不允，强令同行。结合此前光绪对义和团及民气的判断，可知在甲午战争与戊戌变法这两大政治事故之后，他从躁进转向沉稳，已经政治成熟，不仅能明辨时势，还能开出药方，并不缺乏应变之才。

再说机遇，按高阳定义，指"国运及个人得位之机会"。这两点，于光绪而言，都有些不由自主。他被立为皇帝，年仅四岁，不但自己不能做主，连其父醇亲王奕𫍽，听说儿子被选中入承大统，震惊之下，痛哭失声，以至昏厥。至于国运，虽说与当国者相关，不过光绪执政，备受掣肘，大清王朝步入末世，他需承担的责任不该超过五成；况且他处身的时代，正值数千年未有之大变局，大势所趋，无人可逆，纵使借他康熙之才、雍正之术，怕也难挽狂澜于既倒。

有待论析的是体格。在清朝，做皇帝是苦差事，强势如雍正，都会感慨"为君难"。康熙晚年曾公开诉苦，他自八岁继位，现在年近七旬，数十年来"殚竭思虑，耗敝精力，殆非劳苦二字所能尽也"，"古帝王享年不永，书生每致讥评。不知天下事烦，不胜其劳虑也"。故而对皇帝而言，首要具备一副好身体，其体格往往关乎国运。倘若身虚体弱，五劳七伤，哪有足够的精力和心血料理国事呢，还谈什么励精图治、日理万机？更麻烦的是，身体亏空到一定地步，则将殃及生育能力。清朝的皇帝，从咸丰开始，子嗣锐减，至同治、光绪，连一儿半女都没有留下，谁来继承皇位，遂成难题与祸端。要言之，清朝国运之衰微，与皇帝身体之衰微，几乎同时发生，两者之间不能说毫无关系。

做皇帝与身体的关系，还表现于选拔程序。话说清朝皇帝之选拔，以立贤为主旨，从未奉行传统的嫡长子继承制，所以从顺治到宣统，金銮殿上，并无几人是长子；恰因贯彻了立贤的准则，清朝皇帝的能力与政绩，堪称两千年皇权社会之最。说起立贤，贤的标准到底是什么呢？其中一条，便是体格。当年顺治病危，考虑接班人，他本属意皇二子福全，其母孝庄皇太后偏爱皇三子玄烨，双方相持不下，咨询经常出入宫廷的传教士汤若望，汤若望建议立玄烨，理由是此子体格好，而且已经出痘（天花），今生便可豁免于这一在当时几乎无药可治的恐怖疾病。于是玄烨继位，年号康熙。

同治十九岁而崩，膝下尚无儿女。去世当天，朝廷议立嗣君，按规矩，同治是载字辈，他的继承人该是溥字辈，有人提议道光皇帝的曾孙，有人提议恭亲王奕䜣的儿子，可惜这些人选，都不中慈禧心意。因为倘由溥字辈继位，慈禧便成了太皇太后，与皇帝相隔两代，再无垂帘听政之可能，必须退隐寂寞的深宫，以其年富力强、权力欲之盛，如何能够甘心呢？是以她抛开祖制，力排众议："文宗（咸丰皇帝）无次子，今遭此变，若承嗣年长者，实不愿，须幼者乃可教育。现在一语即定，永无更移。"（《翁同龢日记》第二册）进而宣布奕𫍯长子载湉继统，是为光绪。由这一节故事可知，光绪被立为皇帝，并未考虑身体因素，然而，沉重的帝位之于其孱弱的肉身，实属不可承受之重，最终不仅压垮了这个人，还摧毁了这个王朝。

论身体素质，光绪也许是清朝十二位皇帝当中最差的一个，不仅不是做皇帝的好材料，哪怕作为常人，都不合格。慈禧曾向大臣回忆光绪入宫之时的情形："皇帝抱入宫时，才四岁，气体不充实，脐间常流湿不干。我每日亲与涤拭，昼间常卧我寝榻上。时其寒暖，加减衣衿，节其饮食。"（瞿鸿禨《圣德纪略》）这番记载，不无为慈禧辩白、宣扬其慈爱之嫌，不过光绪幼年体弱，气血不足，则是不争的事实。

光绪自小便怕打雷，一遇雷鸣，往往要钻入他人怀中，以求保护。这固然不能直接推论其胆小如豆,却不妨视之为一个意味深长的政治隐喻。光绪的保护人,一是他的伯母兼姨妈慈禧,二是他的老师翁同龢,慈禧虽是女性,于他却如严父,翁同龢虽是男性,于他却如慈母,甚至一度是他最亲近的人,超过其亲生父母(光绪五岁,翁同龢便开始教他读书,师生之情长达二十载)。然而这二人,一个压抑了他的性格,一个限制了他的格局,一个养他而废他,一个教他而误他,最终都成为他的敌人。

慈禧对光绪的抚养,有其两面性。一方面,如慈禧所云:"皇帝入承大统,本我亲侄。以外家言,又我亲妹妹之子,我岂有不爱怜者?……皇帝自在邸时,即胆怯畏闻声震,我皆亲护持之。我日书方纸课皇帝识字,口授读《四书》《诗经》。我爱怜惟恐不至,尚安有他?"另一方面,鉴于对同治的教育失之于宽,对光绪的教育遂趋向于严,慈禧曾下旨,要求服侍光绪的太监必须是老成质朴之人,"凡年少轻佻者,概不准其服役";加之慈禧的性情,强梁而严酷,在其威势之下,光绪的成长,鲜有自由与快乐可言,如慈禧喜欢听戏,光绪怕吵,却不得不常常陪侍在侧,锣鼓喧天,于他则是身体与精神的双重折磨。不妨断言,战战兢兢、如履薄冰的宫廷生活,养成了光绪虚弱的身体与更加虚弱的性情。

翁同龢对光绪的耽误则更深。作为讲究"圣贤义理之学"的士大夫,一来隔膜于实务,二来隔膜于时势,他所教出的学生,大抵是他的克隆品:光绪的空疏与偏执,正与其师一脉相承。以他的才具，置于政坛，只适合担任舞文弄墨的翰苑之臣，然而凭借光绪的信任，先后掌户部，入军机，"隐持政权"，俨然一国宰相，这不仅使他左支右绌，疲于奔命，于朝政更是得不偿失。甲午战争，他一味主战，误导光绪——彼时光绪也是激烈的主战派，这正基于翁同龢的教育——终使国家跌入万劫不复之深渊。更要命的是，以他为首领，集结了一帮激进派文士，后世称之为帝党，即光绪一党，其动机无可非议，却滋生一大恶果：帝党与后党针锋相对，暗斗明争，导致光绪与慈禧之间的裂痕日渐深化，不可弥补，等到戊戌变法，刀兵相向，两败俱伤。

再说戊戌变法。今人的反思与批判，大都指向康有为、谭嗣同等人，认为他们"卤莽灭裂，轻易猖狂"，毫无行政经验，以革命的方法搞改革，空洞的政策与强硬的态度，硬生生把改革推向了死地。不过，我们显然忘记了一点政治常识：皇权专制之下，有什么样的皇帝，便有什么样的臣子，而非相反。哪怕批评康有为们投机，那也取决于光绪的口味。所以说，康有为们的躁进，正折射了光绪的躁进；康有为们的偏执，正折射了光绪的偏执；康有为们的不切实际，正折射了光绪的不切实际。变法失败，光绪的责任并不亚于康有为们，批判后者而遗漏前者，甚至指责后者蛊惑、误导了前者，则落入"只反贪官不反皇帝"的窠臼，对双方都不公平。

光绪的躁进，首先是一种时代病。他亲政之后的中国，已经陷入危急存亡之秋，内忧外患、险象环生，朝野上下有志之士，大都怀有祸迫眉睫、危在旦夕的危机感，激进主义乃是最流行的对策，只是有些人投身改革，有些人献身革命。其次与他的身体不无关系：哪怕时值青春华年，他便已多愁多病，备受神经衰弱、肝病、肾病等困扰，加上国事刺激，郁积了满身虚火，导致性躁、易怒。这些病象，在其生命最后一年，尤为显著，如医生称其"有时肝气大发，愤无所泄恨，以手扭断某太监顶戴，以足跌翻电气灯"，近乎是一种躁狂症，足见十年囚禁岁月对其肉身和心境的戕害。

戊戌政变之后，光绪的政治生命宣告终结。此后十年，他一直生存于严密监控之下，不仅帝位摇摇欲坠，甚至性命危若累卵，屡遭死亡威胁。倘若就此心灰意冷，沦为行尸走肉，倒也未必是什么坏事，然而，偏偏他的见识与敏感更甚早年，偏偏他极具责任感，不能忘情于日渐沉沦的国事，如此一来，只能在痛苦与怨恨之中辗转反侧，在无力与无助之间虚度时光。这正印证了一句话：比"哀莫大于心死"更悲哀的是"哀莫大于心不死"。

此时光绪手中只余一件武器：时间。毕竟他比慈禧年轻三十六岁，熬到慈禧死亡，他依然处于壮年，有望东山再起。说起来造化实在弄人，想当年，从甲午战争到戊戌变法，他一直在争分夺秒，与时间抗衡；到头来，所能依赖的唯有时间。当然，老辣如慈禧，早已注意到了这一点，她控制不了时间，却可控制光绪的身体。当身体毁坏，时间还有什么意义呢？由此，身体与政治的关系呈现了最残忍的一面。对政治人物而言，身体不仅是革命的本钱，还是改革的本钱，甚至是所有政治斗争的本钱。光绪一生最大失败，无疑便是本钱不足，一来他的身体素质太差了；二来他对自己的身体缺乏自主性，从其死亡来看，无论是否死于慈禧毒杀——哪怕光绪并非由慈禧毒杀，而系病死，论其疾病之成因，慈禧也是最大元凶——都显出了身体政治学的真义：身体之于政治有多么重要，政治之于身体就有多么残酷。

三、翁同龢：君子误国

君子误国

光绪二十四年四月初十日（1898年5月29日），恭亲王奕䜣去世。其卧病在床之时，光绪曾去探视，询问朝中人物谁堪大用。奕䜣答，除了积毁销骨的李鸿章，中央唯有荣禄，地方则数张之洞和裕禄。这三个人选，显然都不符合光绪的预期。他继续问道：户部尚书翁同龢如何？奕䜣答：所谓聚九州之铁，不能铸此错者。这则是非常严厉的批评。人之将死，其言也善，况且以奕䜣晚年抱残守缺、和光同尘的性情，能说出这样的重话，足见对翁同龢怨愤之深。

光绪与奕䜣的对话，出自《申报》（光绪二十四年五月初九日，1898年6月27日）报道，作者号称"天津采访友人"，不知友人为谁，何以能见闻光绪探视奕䜣这等秘事。据金梁《四朝轶闻》，奕䜣死前，曾"泣奏翁居心叵测，并及怙权"，不过倾听者换成了慈禧。结合这两种说法，可知奕䜣临终抨击翁同龢，应非捕风捉影。退一步讲，哪怕《申报》之说系记者杜撰，奕䜣对翁同龢的评价，不能代表其人观感，却足以代表媒体的观感。姑且以此为话头，来说翁同龢。

在窦纳乐（1896—1900年间任英国驻华公使）眼里，翁同龢是"一位守旧的中国政治家最优美的典型"，说白了，即一个标准的中国传统士大夫。士大夫的优点，如文章、书法、操守、清望等，该有的他都有；士大夫的缺点，如自负、褊狭、好高骛远、纸上谈兵等，他也一样不缺。在这二者之间，他还有个特点，用杨锐致张之洞信中的话讲，叫"一生尚巧，乃卒以巧误"。潘祖荫曾对王伯恭说，翁同龢"专以巧妙用事"，"吾与彼皆同时贵公子，总角之交，对我犹用巧妙，他可知矣。将来必以巧妙败，君姑验之"。（王伯恭《蜷庐随笔》）这里的"巧""巧妙"，意思是小聪明。聪明是优点，以"小"为前缀，则成缺点。有大才者往往不屑用小聪明，反倒是平庸之辈，沉迷于此而不可自拔。燕垒生小说《天行健》里有一个将军叫毕炜，好用计而不善用计，翁同龢则属好用巧而不善用巧，这辈子都毁在小聪明上。说到底，以其才具之平庸，更适合周旋于盛世，当太平宰相，偏偏遭逢数千年未有之大变局，不免捉襟见肘，进退维谷，最终误国殃民，几乎身败名裂。

奕䜣或《申报》对翁同龢的批判，皆集矢于一点，即自甲午战争以降，政局溃败，翁同龢责无旁贷："甲午之役，当轴者力主和议，会建三策：一、收高丽为行省，封韩王如衍圣公，优给俸禄，世袭罔替；二、遴派重兵，代守其国，以备不虞；三、以高丽为各国公共之地，俾互相钳制，以免强邻得所措手。时翁大司农（翁同龢）已入军机，均格不得行，惟一味夸张，力主开战。以致十数年之教育，数千万之海军，覆于旦夕，不得已割地求和。外洋乘此机会，德据胶澳，俄租旅大，英索威海、九龙，法赁广州湾，此后相率效尤，不知何所底止？此皆大司农阶之厉也。"

这样的责难，当时并不鲜见。冯汝玠的措辞更为严厉，称翁同龢为甲午战争第一罪人："甲午一役，不计实害，徒务虚名，不能战而言战，胥在廷谋之失算。任起衅者，不在临敌之将帅，而在秉政之枢臣。当时政府主战最力者为翁常熟（翁同龢）。翁之主战，非有愤于强邻之逼，思以战谋自存也；徒以乃兄抚皖，发逆时因失守城池，皖人攻之，致获重谴。遂因此视皖人为仇，而于合肥相国（李鸿章）为尤甚。甲午事起，翁深知海军必不可恃，战则必败，败则可借此以倾合肥，故置国事之利害不问，力主战局以修夙怨，夫谋人家国，不度德量力，出以审慎，而但恃血气以致偾事者，尚难逃于清议。而况明知丧师辱国，而仍借此以阴售其报复之计者乎，陷中国于万劫不复，翁实为第一罪人。"（赵声伯《庚子纪事长札》）不过这里有两点说法，一称翁同龢因其兄翁同书之罪而仇视安徽人，尤其仇视李鸿章，二称翁同龢"深知海军必不可恃，战则必败"，未必能够成立，从而间接影响了作者的结论。

再如翁同龢的得意弟子文廷式，不为长者讳，照样批评其师。他认为，从甲午到戊戌，这三年正值翁同龢当国，"一人而兼任师傅、军机、总理衙门、督办军务处，又领户部，皆至要之职",在其主政之下,国事一塌糊涂:"……失胶州,失旅顺,失长江之利,东三省隐与俄,广西、云南隐与法,江、浙属英,闽属倭,皆欺中国臣民而徇外国人之请。伊古以来,亡天下之魂,未有甚于今日!又行昭信股、西铺税、药牙税……朘削百姓,殆无生路。"对此,只怕翁同龢"难逃天下后世之责矣"。

这一应罪过,还得从甲午战争说起。现在来看,这场战争的关节点,不是清朝为什么战败,而是该不该开战(如时任湖南巡抚陈宝箴认为李鸿章的错误"不在于不当和而和,而在于不当战而战")。其实自鸦片战争以来的几乎所有中外战争,都深陷一大困局,借用胡兰成之言,即"战难,和亦不易"。战难,由于国力不如人,是谓"战则尤兵将不可恃";和亦不易,除了列强欲壑难填,还得直面朝野清议的压力,是谓"和则犯千古之不韪"。甲午战争爆发之初,翁同龢高调主战,一来因其不识洋务,不懂军事,以为中国必胜日本;二来源自"诸名士实怂恿之"(何刚德《春明梦录》),名士之代表,即张謇、文廷式等,翁同龢时为士林与清流魁首,为了维护这一派人心和利益,即便明知不能战,那也必须主战,何况他头脑发热,以为北洋兵舰足堪一战;三来基于与老冤家李鸿章的派系之争,因李鸿章主和,他则势必主战,并逼李鸿章出战,如果战胜,作为主战派领袖,他有统筹全局之功;如果战败,则可把李鸿章逼入绝路,这便是他的如意算盘。对比之下,前两点属于书生误国,最后一点不免陷入门户之见,为了一系之利,不惜牺牲国家，只不过在主战派的道德包装之下，他的私心反成义举。

平壤、黄海战败，胜负之局已明。高调主战的翁同龢，却不愿挺身善后。慈禧派他去天津，与李鸿章会商联俄制日之事，他既反对联俄，同时"不敢以和局为举世唾骂也"（光绪二十年八月二十八日，1894年9月27日，《翁同龢日记》），故作推辞。事已至此，他还顾及名声，怯于担当，君子爱惜羽毛而贻误国事，莫此为甚。这样的脾性，这样的胸襟，如何能支撑危局？甲午之后的朝政，落入这等人手里，只可能日渐沉沦。难怪奕䜣或《申报》对其满腹怨言。

翁同龢一生，也许最不愿与李鸿章相提并论，然而当时民谚云"宰相合肥天下瘦，司农常熟世间荒"，前句写李鸿章，后句写翁同龢，还是把他们捆绑在一起。荣禄则说，翁同龢误国之处，堪比李鸿章，区别在于，李鸿章甘为真小人，翁同龢却属伪君子。这个说法，虽能成立，对翁同龢未免苛刻。读其日记，可知他纵然好用一些小聪明，好使一些小手段，却谈不上多么虚伪。大体而言，他还是一个君子。只是君子误国，甚于小人：君子自负，小人心虚；君子偏执，小人反复；君子好唱高调，小人喜讲实际，表现于治国理政，前者的毒害往往要超过后者。翁同龢毋宁是最痛切的案例。

晚清政坛，翁同龢与李鸿藻齐名，都是帝王师，都是清流领袖（李领导前清流，翁领导后清流），都是"号称忠义而实懵于国情，致误大局者"（梁济语）。祁景颐曾评价其外公李鸿藻，称其"秉性刚直，遇事不甚变通"，"不失为正人，而才识短浅，性情执拗，无知人之明，中为清流所用，不免党援"（祁景颐《翰谷亭随笔》），这些评语，大抵可施与翁同龢。吴樵批评李秉衡的一句话，同样适用于翁同龢："……中国事皆误于此等正人。"

名流误国

明清两代，乡试、会试，实行分房阅卷，每一房分配一位考官，名曰同考官，他们的工作，有如比赛初选，披沙拣金，把本房优秀试卷挑出来，加以批语，推荐给主考官，由其复选。如果考生最终金榜题名，对同考官，须称"房师"，对主考官，须称"座师"，这二者所对应的师门，往往构成了一位官员的政治派系。道光二十七年（1847年），二十五岁的李鸿章中进士，他的房师叫孙锵鸣（孙氏这一房出了两位大人物，除了李鸿章，还有沈葆桢，是以有"朝中宰相两门生"之誉）；孙锵鸣是道光二十一年（1841年）的进士，他的座师叫翁心存。由此而论辈分，对于翁心存，李鸿章该叫一声"太老师"，在翁心存的小儿子翁同龢面前，他也当执子侄礼，尽管他比翁同龢大七岁。

李鸿章对翁心存，可谓心悦诚服。王闿运《论道咸以来事》云："李少荃平生服事翁二铭，于曾蔑如也。"二铭是翁心存之字。道光咸丰年间，服事翁心存的人，不止李鸿章，沃丘仲子《近代名人小传》有言："当咸同间，学者莫不知有二铭先生者也。"足见其声名之大与受众之广。曾即曾国藩,蔑如,译作大白话,就是没有什么了不起。后来王闿运嘲笑李鸿章:"君推崇翁二铭过曾涤生,颠到是非,故其子以此报。"(王闿运《湘绮楼诗文集》)李鸿章笑而不答,他的笑,大抵是苦笑。王闿运这两句话,不仅指向李鸿章与翁氏父子的两代恩怨,还关乎国事与国运,姑且一一道来。

今人谈李鸿章与翁同龢之争,往往从翁同书说起。翁同书是翁心存的长子,在三兄弟中才情最高。咸丰八年(1858年)官至安徽巡抚,在任两年半,先丢定远,再丢寿州,遭到其顶头上司两江总督曾国藩弹劾。那份杀机四伏的《参翁同书片》,相传出自李鸿章之手。结尾云"臣职分所在,例应纠参,不敢因翁同书之门第鼎盛瞻顾迁就",这句话十分要命,把官拜体仁阁大学士、皇帝师傅的翁心存拉出来,则令当国者不敢袒护,遂判翁同书死刑,秋后处决。当时翁心存年过七十,卧病在床,听闻噩耗,急火攻心,病情加剧,于年底去世。此间,翁同书被暂行释放,为父亲护理、送终、服孝,翌年改判,流放新疆。这相当于用老子一条命换回了儿子一条命。更不幸的是,同治四年(1865年),翁同书死于宁夏花马池,享年五十五岁,算起来,只多活了四年,临终犹呼"冤乎冤哉",足见忧愤。

父兄之仇,不共戴天。翁同龢不敢记恨曾国藩(同治七年,翁同龢在北京见到曾国藩,"无一语及前事",虽然想起了死去的父亲和哥哥,却提醒自己"忠恕二字一刻不可离",此后他与曾国荃、曾纪泽等曾家人交情甚好,正践履了忠恕二字),则迁怒于李鸿章,此后处处排挤,时时刁难,至甲午一役而酿成巨祸,大清国运由此急转直下,无力回天。

这是最流行的说法,翁同龢因而被塑造为背公向私、以私废公的典型。不过,据谭伯牛考证,李鸿章代笔事件,并无确证,更像是基于后见之明的想象,他读《翁同龢日记》,发现翁氏所怀疑的代笔者,不是李鸿章,而是李的老师、庐州三怪之一徐子苓。《参翁同书片》之起草,应在咸丰十一年(1861年)冬,其时徐子苓、李鸿章的确俱在曾国藩幕府,然而江南战事危在旦夕,李鸿章正奉曾国藩之命全力筹建淮军,出兵救援,只怕无暇分心。翁同龢一生唯谨慎,日记惜墨如金,既然给徐子苓挂了号,"弹章疑出其手"(同治九年七月二十二日,1870年8月18日),必有可信的消息源。

我愿为谭伯牛的结论补充一点证据,此即王闿运《论道咸以来事》所云李鸿章与翁心存的亲密关系。须知李鸿章为人,最重情义,成为大佬之后,则以护犊子著称,有时竟不惜徇私。他既然如此服膺翁心存,倘若曾国藩令他起草奏折,参劾翁同书,下笔之际,断然不该踩一脚,只会拉一把。拿"翁同书之门第鼎盛"来说事,暗中绑架翁心存,绝非他的风格。

如果能够明确,李鸿章不是《参翁同书片》的代笔者,只是背锅者,那么翁同龢与他的斗争,则无私怨的成分,纯粹出于政见与派系之争。

翁同龢属于什么党?一是帝党,二是清流——他是后清流的领袖。李鸿章属于什么党？一是后党，二是浊流，恰与翁同龢相对。若谓帝党与后党之说源自后世的建构，单说时人公认的清流与浊流。按吴汝纶定义："近来世议，以骂洋务为清流，以办洋务为浊流。"其实清流党人，并非尽数反对洋务，如张之洞，从中央下派地方之后，反而成为洋务运动的大将，不过翁同龢不在此列，他的头脑，偏向保守，对于洋务相当迂阔。办洋务的官员，被视为浊流，则属事实，浊流之中坚，便是李鸿章。所以说，哪怕基于清流与浊流之争，翁同龢与李鸿章，也必定势同水火。

除了政见与派系之争，还有一点需要注意：翁同龢这个人，一来好名，二来好权，可惜格局太小，眼光太差，这两点，皆成致命缺陷。潘祖荫对王伯恭说："叔平（翁同龢）实无知人之才，而欲博公卿好士之名，实亦愚不可及。"金梁《四朝轶闻》称翁同龢喜欢招揽名士，前提是这些人必须与他立场一致，愿意为他所用，结果，"广结纳而不能容异己"，无法达到海纳百川，有容乃大；至于好权，"光绪朝局系翁一言，同僚议事，偶有不和，翁辄拂然，常入报帝必伸己意，众已侧目"。《清史稿》亦云："……同龢久侍讲帷，参机务，遇事专断。与左右时有争执，群责怙权。"他与当朝大佬，大都不和，被他排挤的人，包括李鸿藻、张之洞、荣禄、刚毅、徐桐等，当然少不了李鸿章。

翁同龢是怎么排挤李鸿章的呢？最显著的表现，无疑是甲午战争，硬逼李鸿章出战。从表面上看，这是主战派与主和派的争端，不过这背后，翁同龢正有其小九九。王伯恭是翁同龢的门生、李鸿章的部属，与两派都有关系。据其所著《蜷庐随笔》，他曾试图调和翁李之争，特地从天津赶往北京，拜谒翁同龢，力谏主战之非，翁同龢不以为然，笑话他书生胆小，他道："临事而惧，古有明训，岂可放胆尝试。且器械阵法，百不如人，似未宜率尔从事。"翁同龢答："合肥（李鸿章）治军数十年，屡平大憨，今北洋海陆两军，如火如荼，岂不堪一战耶？"他道："知己知彼者，乃可望百战百胜，今确知己不如彼，安可望胜？"翁同龢终于说出了心里话："吾正欲试其良楛，以为整顿地也。"良楛，即精良与粗劣。翁同龢的意思是，借此机会，看看李鸿章到底行不行，不行的话，正好整他一把。

开战之后，中国屡败。翁同龢奉旨到天津见李鸿章，时为光绪二十年九月初二日（1894年9月30日）。据其日记，先慰勉，后严责，李鸿章惶恐不已，引咎曰："缓不济急，寡不敌众，此八字无可辞。"翁同龢问："陪都重地，陵寝所在，设有震惊，奈何？"李鸿章答："奉天兵实不足恃，又鞭长莫及，此事真无把握。"（《翁同龢日记》第五册）另据胡思敬《国闻备乘》，二人之间，还有一段激烈争执。翁同龢问及战事，李鸿章"怒目相视，半晌无语"，反问道："师傅总理度支，平时请款辄驳诘，临事而问兵舰，兵舰果可恃乎？"翁同龢答："计臣以撙节为尽职，事诚急，何不复请？"李鸿章道："政府疑我跋扈，台谏参我贪婪，我再哓哓不已，今日尚有李鸿章乎？"翁同龢为之语塞，回京以后，再也不敢言战。

这里有一句话，需要略加诠释。李鸿章云"师傅总理度支，平时请款辄驳诘"，常遭引用，被视为翁同龢打击报复的证据。不过我们既然已经推论，翁李之间并无私怨，那么翁同龢限制北洋军费，说到底还是公事。而且，他不单针对李鸿章，对张之洞等也是如此，以致后者啧有烦言。翁同龢答"计臣以撙节为尽职"，也是大实话，撙节者，节约也，古时理财之要旨，无非开源节流，翁同龢之于理财，本是外行，无力开源，只能节流，勤俭持政，正符合他的性格。而且他的理财政策，其来有自，承袭前任阎敬铭。阎氏乃是晚清首屈一指的理财专家，翁同龢对其推崇备至，自订年谱有"虽以理财为务，然持大体，节冗费，与余最契，君子人也"之赞语。话说阎敬铭理财，却也无非姜鸣所总结的"俭省、克扣、集权"三板斧而已——李慈铭夸阎敬铭"清操绝俗，其入掌邦计，仿国计簿，综括天下财赋，勾稽出入，世颇以敛聚目之"，后半句足见其理财风格。

这么说并非为翁同龢洗白。他刁难、排挤李鸿章，见于史册，无可置辩。区别在于，这到底出于私怨，还是公论，相形之下，前者是一个官员的德行问题，后者则可归之于国运，前者可恶，后者可怕。可怕的是，当国家危于累卵，迫在眉睫，执掌朝政的重臣却是这么一位爱惜羽毛、意气用事、空腹高心、鼠目寸光之徒，正应了胡思敬写翁同龢这一条笔记的标题：名流误国。

四、过渡者张之洞

若用一个字评价晚清大佬,奕劻是贪,翁同龢是庸,王文韶是滑,张之洞是巧。巧与滑不同,滑是无所为,巧则有所为;滑是贬义词,巧则可视作中性词。张之洞年轻的时候,便得了"巧宦"之名,所谓巧宦,意思是会做官,此后往往紧跟两个字"热中",意思是爱做官,用曾朴《孽海花》里的话讲,即功名心太重。结合张之洞的清流出身,可知这个"巧"字,得之何其不易。清流党大都以谏诤为业,直言谠论,锋芒四射,最是容易得罪人,故而如张佩纶、陈宝琛、宝廷等主将,政治下场都不大好。张之洞却是罕见的例外,一路官运亨通,势如破竹,先封疆而后军机,青紫被体,位极人臣,其秘诀之一,即在"巧"字。

怎么个巧法呢?且从一封弹劾张之洞的奏折说起。光绪十九年(1893年),大理寺卿徐致祥——此人也是清流党出身,与张之洞恩怨纠结,渊源极深——参劾湖广总督张之洞,称其"任意妄为,废弛纲纪,起居无节,号令不时",结尾一段云:"……臣统观该督生平,谋国似忠,任事似勇,秉性似刚,运筹似远,实则志大而言夸,力小而任重,色厉而内荏,有初而鲜终。徒博虚名,无裨实际,殆如晋之殷浩;而其坚僻自是,措置纷更,有如宋之王安石。方今中外诸臣章奏之工,议论之妙,无有过于张之洞者;作事之乖,设心之巧,亦无有过于张之洞者。"(徐致祥《纠劾疆臣辜恩负职折》)我觉得最后两句,与其说是批评,不如视之为一种变相的褒奖,足可论定张之洞一生。

所谓"章奏之工,议论之妙",可见于张之洞的清流生涯。清流党中,张之洞与张佩纶并驾齐驱,被比作青牛(清流的谐音)之双角。不过同为言官,二张风格却大相径庭,按我的总结,张佩纶惯于对人不对事,张之洞惯于对事不对人;张佩纶"好搏击""其奏疏深文周内,恒以诸臣恣纵、蔑视两宫为言"(沃丘仲子《近代名人小传》),张之洞"但谈时事,不事搏击",就事论事,持平立论,正当得起徐致祥的八字评语;所以张佩纶结怨无数,张之洞却能全身而退——应该说全身而进才对。时人以亢直为标准,扬张佩纶而抑张之洞,嘲讽他工于宦术,八面玲珑,殊不知张之洞的风格,才是言官的正道。

再看"作事之乖,设心之巧"。晚清除了清流,还有"浊流",即以李鸿章为首领的洋务派,清浊相对,清流则以反洋务为宗旨。党人之中,张之洞虽不是批判洋务最激切的一个,终究不能置身事外。然而,光绪七年(1881年)他出任山西巡抚,迅速转向洋务派,等到担任两广总督、湖广总督时,则成洋务运动的中流砥柱。这一转身之速,令时人瞠目结舌,纷纷斥其善变。后来李鸿章曾对吴永发牢骚,痛斥清流党:"天下事,为之而后难,行之而后知。从前有许多言官,遇事弹纠,放言高论,盛名鼎鼎;后来放了外任,负到实在事责,从前芒角,立时收敛,一言不敢妄发;迨至升任封疆,则痛恨言官,更甚于人。尝有极力讦我之人,而俯首下心,向我求教者。顾台院现在,后来者依然蹈其故步,盖非此不足以自见。制度如此,实亦无可如何之事也!"(吴永《庚子西狩丛谈》)"尝有极力讦我之人,而俯首下心,向我求教者"一句,我推测,即在暗讽张之洞——哪怕不是张之洞,这番话施予其人,亦无不可。从反洋务到办洋务,其行事之巧,可见一斑。这是第一点表现,曰变通。所谓此一时,彼一时,与时俱进,此一地,彼一地,因地制宜,倒也未必是什么缺点。

第二点表现,曰折中,或者说平衡、调和,再说难听一点,即骑墙、左顾右盼,依违两可。张之洞所处的时代,借用梁启超的说法,叫"过渡时代"。这样的时代,各种矛盾蜂拥而出,此起彼伏,诸如中与西、旧与新、满与汉、皇帝与太后、立宪与专制、改革与革命等冲突,针锋相对,蔚为壮观,相比这些,清流与洋务之争,反成小节,不值一提。置身于种种矛盾之中,张之洞一贯以调和为宗旨。如针对中西之争,他在《劝学篇》中大力提倡"中体西用"(中学为体,西学为用),试图把中西糅合在一起,不论所受到的批判何其激烈,其苦心一目了然。

如果说在中西之间，张之洞的方法是允执厥中，那么在新旧之间，他则换了一种策略。正如《张文襄公事略》开篇所述，张之洞之得名，"以其先人而新，后人而旧"，说白了，当时代守旧，他则维新，当时代维新，他则守旧，这近乎反其道而行之，与时代顶牛，不过其本相还是折中；"彼其胸中，岂真有革新守旧之定见？特见于时势之所趋，民智之渐开，知非言变法不足以自保其名位，而又虑改革过甚，而己益不能恣其野蛮之自由，亦出于万不得已而为此一新一旧之状态，以中立于两间。"

张之洞的折中，堪称过渡时代的标识。过渡时代，居于新旧之间，此时所行政策，借用孙中山之言，"全新全旧，皆不合宜"，而当新旧并用，"非具新思想旧经验旧手段者不可"——这么说，是不是该称"西体中用"呢？晚清七十年，最擅长新旧并用的政治家，首推曾国藩、李鸿章和张之洞。相形之下，曾国藩过于旧，李鸿章过于新，新旧结合最均衡的人，正是张之洞。所以我愿意在他身上加以"过渡时代的政治家"之标签。

反过来讲，张之洞一生成败，皆系于过渡时代。他的事业，从洋务运动起步，至庚子新政终结，再往后，便跟不上时代车轮的高歌猛进。换言之，他是改革时代的守护者，等到革命时代，则成绊脚石。甚至当改革进入立宪阶段，他已经显得步履蹒跚，力不从心，头脑与眼界严重受限，"于宪法之理由，国家之元素，以及东西诸硕儒之政治学说，皆茫焉不知"（《张文襄公哀词》，署名"无"，见《民吁日报》1909年10月7日）。譬如对于晚清兴起的民权学说，他在《劝学篇》中斥为"乱政"，认为"民权之说，无一益而有百害"；再如晚清的司法改革，无论司法独立原则，还是罪刑法定原则，无论律师制度，还是陪审团制度，他都扮演了反对者的角色，连法律面前人人平等的原则，他竟也嗤之以鼻，以"圣贤修齐之教"的名义加以排斥。更有甚者，他对日本名词、留学生等，俱怀敌意。据汪辟疆《光宣以来诗坛旁记》，有一天张之洞见下属拟件，顿足骂曰："汝何用日本名词耶？"下属反唇相讥道："名词亦日本名词也。"二人不欢而散。这么说，无意讥嘲，更非苛责，只是指出张之洞的局限性，他与过渡时代相互成就，同时相互制约。

梁启超论过渡时代之人物，称时势造英雄，英雄亦造时势，他所预期的造时势的英雄，不是旧世界之英雄，不是新世界之英雄，"而惟望有崛起于新旧两界线之中心的过渡时代之英雄"。这不是在呼唤张之洞吗？且慢，梁启超列出了此种英雄所不可缺之三种德行：冒险性、忍耐性、别择性。通俗一点说，一是勇气，二是毅力，三是眼光。张之洞大概只有第三点，最稀缺的是第二点，他长于开局，短于收尾，用老话来说，即靡不有初鲜克有终。所以他的事业，空有局面而已。

至于第一点，还得说回张之洞的巧。且看一则故事。戊戌政变之后，慈禧太后有意废光绪而立溥儁，废立之说流传开来，两江总督刘坤一约湖广总督张之洞一同上疏表示反对，张

四、过渡者张之洞

之洞原已答允，突然反悔，将已经发出的折子追回，抹云自己的名字。刘坤一讥笑道："香涛（张之洞字）见小事勇，见大事怯，姑留其身，以待后图，吾老朽，何惮。"（胡思敬《国闻备乘》）小事勇而大事怯，可为定评。不妨断言，张之洞平生，每逢大事，都要取巧，虽可规避风险，却因缺乏担当，导致其事功终归有限。就这一点而言，他与李鸿章形成了鲜明对比。

假如张之洞具备李鸿章的担当，也许有望成为打破过渡时代的英雄。可惜，历史从来没有"假如"。他一生力图造时势，最终却为时势所困，力图中流击水，最终却随波逐流。在"国运尽矣"的哀叹声中，他病逝于宣统元年八月二十一日（1909年10月4日）。这个时间点非常微妙。约一年前，光绪与慈禧相继去世；两年后，武昌起义爆发。如果说前者象征改革时代的终结，后者象征革命时代的开启，死在这二者之间，正隐喻了张之洞的命运：过渡者。

跋

这些年来,我对康有为的认知,是一个"正—反—合"的过程。所谓正,源于少时读正史和历史教科书,康有为被塑造为正面人物,他的维新思想被形容为"思想界之大飓风""火山大喷火",他发起的改良运动被判定为"符合中国历史发展趋势""具有进步意义",当然他也有局限,即阶级局限,这被视作戊戌变法失败的最大原因。如此等等,俱是宏大叙事,作为一名尚未发蒙的中学生,对此只能接受,不过仅限于接受,难以深入肺腑。当时真正打动我的应是他的一句豪言壮语。荣禄问他,祖宗之法如何遽变,他悍然答道:"杀几个一品大员,法即变矣。"——若干年后我才知道,这句话出自苏继祖《清廷戊戌朝变记》,未必可信。随后还有一句话,与之遥相呼应,说来好笑,这竟不是谭嗣同的名言:"各国变法,无不从流血而成。今中国未闻有因变法而流血者,此国之所以不昌也。有之,请自嗣同始!"而是谭嗣同夜访法华寺,游说袁世凯杀荣禄、清君侧,袁世凯表态道:"……诛荣禄如杀一狗耳。"——

此言出自梁启超《谭嗣同传》,可信度同样不高。然而,彼时我非但无从辨识这两句话的真伪,反而为之震撼不已。那两个"杀"字,构成了我对康有为和戊戌变法的最初印象:康有为不是书生,而是豪杰,戊戌变法则是杀气纵横、杀机四伏的政治运动。

二十岁后,开始读史料。我发现了非常奇异的一幕:近世人物笔下,除了康门子弟,罕见对康有为的正面评价。像汪康年、张元济那样,一面批评康有为行事操之过急,不能容纳异己,一面肯定其开风气之功,已经相当难得。更多人只有贬斥,毫无赞词。譬如与康有为原本交情匪浅的沈曾植,其人亦属新派人物,戊戌年后,谈及康有为,简直深恶痛绝:"糠蘖大名,遂满宇宙;南城谈士,卷舌无声。假留我辈数人,何至令渠跳梁如此?……世事非变法不可为,而变法之机,为此君卤莽灭裂,中生变阻。"(《沈曾植致文廷式》)"康逆平生伎俩,专藉名流文字,上欺贤宦,下罔生徒,如朱蓉生(朱一新)、文仲躬(文悌),皆其徒所称为康逆讲学至交者。文幸身为台官,得以上书自白;蓉生身后著述大行,彼党不得以一手掩天下人耳目……天祸人国,生此妖物。"(《沈曾植致王彦威》)"康梁之说,邪说也;其行事,则逆党也。事状昭然,无可掩饰。彼且讳饰其邪逆,靦然自称曰新党。其狡狯之计,不过欲以此名强自解于天下,而又冀污染海内士流,误朝廷而斲丧国家之元气。"(《沈曾植致黄绍箕》)……若不知情,还以为沈曾植与康有为之间有什么深仇大恨,实则二人并无一分私怨,沈氏的批评,完全出于公论。

我读中国近代史,大爱高阳先生的小说。譬如《慈禧全传》等,虽是小说家言,知人论世却鞭辟入里、洞幽烛微,有时完全可作信史来读。无独有偶,高阳对康有为也是十分不屑。不必说演义的小说情节,单是《十疑康有为诗并注》,"奔走皇室权贵门,每言常熟最情敦""不幸有兄如此人,无端诛戮忽临身""使得人间造孽钱,师徒海外望如仙"云云,字字如刀,把康有为切割得体无完肤。更有甚者,高阳曾在《翁同龢传》序中立誓:"尤其是康有为卖君、卖师、卖弟、卖友之罪,有我高阳在,他将无所逃于天壤之间,"他声称要写一本《戊戌变法新考》,来戳穿康有为的画皮,可惜未竟全功。我还见过他人引用高阳的一句话:"近世高级知识分子,欺世盗名,奸险无耻,莫过于康有为,"只是不知出处何在,姑且抄在这里。受高阳影响,我对康有为渐生厌憎之心,并加以"成事不足,败事有余"的评语。

除了其人的品行,此时我对康有为的反感,还关乎政治路线之争。戊戌变法时期的康有为属于标准的激进派,我则坚持渐进本位,讲究宁可十年不将军,不可一日不拱卒,进一寸有一寸的欢喜等,对于激进主义的种种路数,如大刀阔斧、一蹴而就,自然看不顺眼,啧有烦言。至于以康有为作靶子,拿他开刀,则是因为,一来他是一个失败的激进派,戊戌变法是一场失败的激进运动;二来激进主义的缺陷,在他身上皆有鲜明表现,因此最适合拿来批驳。

等我真正学会知人论世或知世论人（余英时先生有言："史者，知人论世之学也"），已经是三十岁后。人与世是一体两面，互相成就或败坏，论人必须知世，论世亦当知人。拿康有为来说。他的激进，固然有学问和性格成因，却也与世道或时代的剧变息息相关。如梁启超所云："唤起吾国四千年之大梦，实自甲午一役始也。"（梁启超《戊戌政变记》）甲午一战，人心思变，在亡国灭种危机感的严重刺激之下，倾向激进，正在情理之中；从另一面讲，康有为的激进策略所主导的戊戌变法，加剧了时代的前行速度，甚至直接点燃了近代中国的激进主义火种，这则是人对时代的造就。明确了这两面，我对康有为，再无爱憎分明的成见，而努力尝试胡适所言的"持平之论"："凡论一人，总须持平。爱而知其恶，恶而知其美，方是持平。"（《胡适致苏雪林》）这似乎可视为正反之后的"合"。

以往研究戊戌变法，大多以事为脉络，我则别出心裁，试图以人为线索，把人置于时代的激流旋涡之中，观察人的抉择如何影响时代，抑或被时代影响。如你所见，康有为的激进主义塑造了戊戌变法的政治气质，不料戊戌变法所开启的激进时代一路冲刺，反把其发起人远远抛在了起跑线上。打个比方，戊戌年前，康有为是时代绿茵场上的前锋；戊戌年后，则渐渐退回中场、后卫，以至在替补席中落落寡合、蹉跎日月——这不是他一个人的命运，严复，以及以善变著称的梁启超，何尝不是如此呢（民国初年，梁启超尚且能够追随潮流，与时俱进，等到五四运动开幕，革命浪潮风起云涌，他则无奈落伍于时代，1929年初去世之时，舆论反应之冷淡，完全无以匹配其历史地位，杨度挽联遂有"文章久零落，人皆欲杀，我独怜才"之叹）。由此可见人与时代的纠结：我们称康有为为造势者，然而他所造之势，反把他淘汰，他所启动的时代，反把他抛弃。

既然已经说到康梁，不妨提一笔谭嗣同。近世人物，谭嗣同是我最喜欢甚至崇拜的人之一。基于这样的深情，以前写他，不由圣化，譬如他在戊戌年的转向、他的死亡等，我的论析，常常以建构、加固他的英雄和侠客形象为目的，其代价，则是失真。真则是历史学第一价值。如此一来，必须选择，我们到底需要一个真实的谭嗣同呢，还是虚化的谭嗣同？事实上，书写真实的谭嗣同——如承认他感恩于光绪的召唤而北上，从革命转向改革——可能有损他的光芒，却使他的生命愈发鲜活，使他与时代的距离愈发亲近：原来像谭嗣同这样的人物也曾受困于肉身的苦痛，也曾局限于时代的束缚，他是时代中的人，而非时代外的人，他为旧时代赴死，而为新时代永生。

说到最后，还是人与时代的关系。今年是戊戌变法一百二十周年，我写这段历史，从大处讲，是为国运；从小处讲，则为个人。执笔之际，常有浮想，两甲子前的康有为们，置身于国家的危机之中，置身于文化的激变之中，如何惶惑、如何焦灼、如何沉思、如何奋勇。如今我们伫立于潮流之外，来评判潮流之内的康有为们，种种后见之明，一发不可收拾。

然而，诸如中与西之争、旧与新之争、渐进与激进之争、文化与制度之争，以及在此种种冲突之中，个体何以自处，何去何从等，这些一百二十年前的老问题，怎么困惑先人，便怎么困惑我们。

2018年9月28日于宁波

时值谭嗣同等戊戌六君子就义一百二十周年

主要参考文献

《八十忆双亲、师友杂忆》，钱穆著，生活·读书·新知三联书店 2005 年版。

《百年黄昏：回到戊戌变法历史现场》，余音著，南京大学出版社 2009 年版。

《北京法源寺》，李敖著，中国友谊出版公司 2000 年版。

《北洋军阀史话》，丁中江著，中国友谊出版公司 1996 年版。

《乘桴新获：从戊戌到辛亥》，汤志钧著，北京师范大学出版社 2018 年版。

《春明梦录、客座偶谈》，何刚德著，山西古籍出版社 1997 年版。

《慈禧外纪》，濮兰德等著，辽沈书社 1994 年版。

《从甲午到戊戌：康有为〈我史〉鉴注》，茅海建著，生活·读书·新知三联书店 2009 年版。

《二十世纪初中国政治改革风潮——清末立宪运动史》，侯宜杰著，中国人民大学出版社 2011 年版。

《费正清对华回忆录》，费正清著，知识出版社1991年版。

《革命逸史》，冯自由著，新星出版社2009年版。

《庚子西狩丛谈》，吴永口述，刘治襄笔记，中华书局2009年版。

《古红梅阁笔记》，张一麐著，上海书店出版社1998年版。

《光绪朝东华录》，朱寿朋编，中华书局2016年版。

《光绪朝起居注》，中国第一历史档案馆编，广西师范大学出版社2007年版。

《国闻备乘》，胡思敬著，中华书局2007年版。

《寒柳堂集》，陈寅恪著，生活·读书·新知三联书店2001年版。

《洪宪纪事诗三种》，刘成禺等著，上海古籍出版社1983年版。

《胡适文集》，北京大学出版社2013年版。

《花随人圣庵摭忆》，黄濬著，中华书局2008年版。

《黄兴集》，中华书局2011年版。

《近代中国与新世界：康有为变法与大同思想研究》，萧公权著，江苏人民出版社1997年版。

《近现代名人小传》，沃丘仲子著，北京图书馆出版社2003年版。

《康有为变法奏章辑考》，孔祥吉编，北京图书馆出版社2008年版。

《康有为全集》，中国人民大学出版社2007年版。

《康有为与保皇会》，上海市文物保管委员会编，上海人民出版社1982年版。

《乐斋漫笔、崇陵传信录（外二种）》，岑春煊、恽毓鼎、王照、高树著，中华书局2007年版。

《历史的本色：晚清民国的政治、社会与文化》，桑兵著，广西师范大学出版社2016年版。

《梁启超年谱长编》，丁文江、赵丰田编，上海人民出版社1983年版。

《梁启超选集》，中国文联出版社2006年版。

《梁启超与清季革命》，张朋园著，吉林出版集团有限责任公司2007年版。

《落日残照紫禁城——清宫秘史纪实》，庄建平编，四川人民出版社1999年版。

《梦蕉亭杂记》，陈夔龙著，中华书局2007年版。

《南通张季直先生传记》，张孝若著，张謇研究中心重印。

《能静居日记》，赵烈文著，岳麓书社2013年版。

《清朝的皇帝》，高阳著，中国友谊出版公司2001年版。

《〈青鹤〉笔记九种》，祁寯藻、文廷式、吴大澂等著，中华书局2007年版。

《清末维新派人物致山本宪书札考释》，吕顺长著，上海交通大学出版社2017年版。

《清史稿》，赵尔巽等著，中华书局1998年版。

《清实录》，中华书局2008年版。

《清廷戊戌朝变记（外三种）》，苏继祖等著，广西师范大学出版社 2008 年版。

《瞿鸿禨集》，湖南人民出版社 2010 年版。

《蜷庐随笔、趋庭随笔》，王伯恭、江庸著，山西古籍出版社 1999 年版。

《荣禄与晚清政局》，马忠文著，社会科学文献出版社 2016 年版。

《神奇的现实》，止庵著，山东画报出版社 2005 年版。

《师伏堂日记》，皮锡瑞著，国家图书馆出版社 2009 年版。

《史说慈禧》，许指严著，辽沈书社 1994 年版。

《世载堂杂忆》，刘成禺著，辽宁教育出版社 1997 年版。

《孙宝瑄日记》，中华书局 2015 年版。

《谭嗣同年谱》，杨廷福著，人民出版社 1957 年版。

《谭嗣同全集》（增订本），中华书局 1981 年版。

《谭嗣同研究资料汇编》，政协长沙市委员会文史资料研究委员会、政协浏阳县委员会文史资料研究委员会、谭嗣同纪念馆合编。

《谭嗣同与晚清士人交往研究》，贾维著，湖南大学出版社 2004 年版。

《唐烜日记》，凤凰出版社 2017 年版。

《晚清人物与史事》，马忠文著，北京师范大学出版社 2015 年版。

《晚清史探微》，孔祥吉著，巴蜀书社 2001 年版。

《汪康年师友书札》，上海书店出版社2016年版。

《汪辟疆说近代诗》，汪辟疆著，上海古籍出版社2001年版。

《翁同龢日记》，中华书局2006年版。

《翁同龢研究2014》，王忠良主编，文汇出版社2015年版。

《翁同龢与戊戌维新》，萧公权著，中国人民大学出版社2014年版。

《翁同龢传》，高阳著，中国友谊出版公司1999年版。

《戊戌变法的另面："张之洞档案"阅读笔记》，茅海建著，上海古籍出版社2014年版。

《戊戌变法史事考》，茅海建著，生活·读书·新知三联书店2005年版。

《戊戌变法史事考二集》，茅海建著，生活·读书·新知三联书店2011年版。

《戊戌变法史研究》（上下），黄彰健著，上海书店出版社2007年版。

《戊戌六君子遗集》，文海出版社1966年版。

《湘绮楼诗文集》，王闿运著，岳麓书社2008年版。

《许姬传七十年见闻录》，许姬传著，中华书局2007年版。

《严复全集》，福建教育出版社2014年版。

《异辞录》，刘体智著，中华书局1997年版。

《义和团的起源及其运动：中国民众Nationalism的诞生》，佐藤公彦著，中国社会科学出版社2007年版。

《义和团的社会表演：1887-1902年间华北地区的戏巫活

动》,路云亭著,上海古籍出版社2014年版。

《义和团史料》,中国社会科学出版社1982年版。

《义和团研究》,戴玄之著,北京大学出版社2010年版。

《义和团运动史料丛编》第一辑,中华书局1964年版。

《依然如旧的月色》,茅海建著,生活·读书·新知三联书店2014年版。

《一士类稿》,徐一士著,辽宁教育出版社1997年版。

《饮冰室合集》,梁启超著,中华书局1936年版。

《恽毓鼎澄斋日记》,浙江古籍出版社2004年版。

《曾国藩日记》,岳麓书社1994年版。

《章太炎年谱长编》,汤志钧编,中华书局1979年版。

《章太炎全集》,上海人民出版社2017年版。

《张荫桓日记》,上海书店出版社2004年版。

《张元济全集》,商务印书馆2007—2010年版。

《中国近代史资料丛刊:戊戌变法》,上海人民出版社2000年版。

《中国近三百年学术史》,钱穆著,商务印书馆1997年版。

《最后的中华帝国:大清》,罗威廉著,中信出版社2016年版。

图书在版编目（CIP）数据

激进之踵：戊戌变法反思录 / 羽戈著. -- 太原：山西人民出版社，2019.1
ISBN 978-7-203-10604-3

Ⅰ.①激… Ⅱ.①羽… Ⅲ.①戊戌变法-研究 Ⅳ.①K256.5

中国版本图书馆CIP数据核字(2018)第280883号

激进之踵：戊戌变法反思录

著　　者：	羽　戈
责任编辑：	王新斐
复　　审：	贾　娟
终　　审：	李广洁
选题策划：	北京汉唐阳光
出版者：	山西出版传媒集团·山西人民出版社
地　　址：	太原市建设南路21号
邮　　编：	030012
发行营销：	010-62142290
	0351-4922220　4955996　4956039
	0351-4922127（传真）　4956038（邮购）
天猫官网：	http://sxrmebs.tmall.com　电话：0351-4922159
E - mail：	sxskcb@163.com（发行部）
	sxskcb@163.com（总编室）
网　　址：	www.sxskcb.com
经销者：	山西出版传媒集团·山西新华书店集团有限公司
承印者：	北京汇林印务有限公司
开　　本：	880mm×1230mm　1/32
印　　张：	6.75
字　　数：	114千字
版　　次：	2019年1月　第1版
印　　次：	2019年1月　第1次印刷
书　　号：	ISBN 978-7-203-10604-3
定　　价：	48.00元

如有印装质量问题请与本社联系调换